# 인생김치 이야기

심동철 지음

나침반

이 책은 김치를 담는 듯하며 인생을 논하고,
위기를 말하는 듯하다가 기회를 창출하는
인생역전을 그려낸 드라마틱한 대서사시이다.
또한 땅의 것을 이야기하는 척하며, 「틈새」를 창출해
'하늘의 뜻'을 담대히 전하는 놀라운 실증적 기록이다.

# 목차

# 김치사오론(死五論) – 디지털 김치장수로 거듭나기까지 –

푸른 배추가 곰삭은 김치로 변하기 위해서는 최소 5번은 죽어야 한다. 따뜻한 어머니의 품인 대지에서 뽑히며 한 번 죽고, 알차던 몸이 배를 갈리며 두 번 죽고, 그 푸르고 싱그러운 생명력이 소금에 절여지며 또 죽고, 고춧가루, 마늘, 젓갈 등의 강한 양념들에 묻혀 또 죽고, 마지막으로 컴컴한 장독에 담기어 깊은 땅속에 묻혀야 비로소 제대로 된 김치가 되는 것이다. 고작 한 포기의 배추가 김치로 거듭나기 위해서 이토록 많은 고난을 겪는데, 우리네 인생이야 오죽하겠는가.

나는 다소 늦은 35세의 나이에 하나님을 영접했다. 하지만 늦은 시간을 보상이라도 하려는 듯, 처음부터 나는 하나님의 역사와 그 놀라운 은혜에 블랙홀처럼 순식간에 빠져들었다. 하나님을 만나는 매 순간순간이 어찌나 설레는지, 짝사랑을 하는 소년의 마음이 이럴까 싶었다. 그래서였을까? 어렵게 시작한 사업이 번창하기 시작했다. 그런데 '배부른 고양이는 쥐를 잡지 않는다'라는 말처럼 일신이 편해지자 문제가 생겼다. 나와 우리 가족의 안위에 몰두하다 보니 점차 어렵고 소외된 이웃들에게 눈과 귀가 멀어진 것이다.

잎이 무성한 무화과나무처럼, 열매도 없이 나이테만 늘어가는 나무처럼 반복되는 신앙생활 속에서 하나님께서 내게 바라는 열매가 무엇인지, 왜 그것을 맺어야 하는지, 또 어떻게 사용할 것인지 등은 생각하지 않았다. 열매를 맺었으면 또 다른 씨앗을 준비하여 몇백 배 아니 몇천 배 확대 재생산해야 하는데, 신앙에 대한 비전과 열망이 없으니 자라난 씨앗마저 돌보기를 거부했다. 나는 그렇게 하나님께서 주신 햇볕과 비와 같은 축복을 일신의 안위를 지키는 데만 사용하고 있었다. 너무도 나약한 인간이기에, 기복적이고 이기적인 마음으로 하나님을 이용한 것이다. 그러자 하나님은 나의 '인생 김치'를 담그기 위해서 소금에 절이기 시작하셨다.

승승장구하던 사업체는 하루아침에 부도가 났고, 가까운 지인들에게 거듭된 배신을 당하며 사채업자에게 쫓기는 신세로 전락했다. 나로 인해 우리 가족은 물론 부모 형제들까지 거리로 나앉게 생겼으니 그야말로 설상가상, 사면초과였다.

당장 나갈 버스비도 없는 어려운 생활이 이어졌다. 형제도 부모도 절친한 사람들도 모두 등을 돌렸다. 무슨 전염병 환자라도 되는 것처럼, 모두 나를 피하기 바빴다. 그때 나는 가난이 사람을 얼마나 비참하고 서글프게 만드는지 알았다. 게다가 밤낮을 가리지 않고 이어지는 채권자들의 협박은 하루에도 열두 번씩 삶을 포기하고 싶게 만들었다.

그런데 당장이라도 숨이 끊어질 것 같은 고통을 참아가며 힘겹게 산등성이를 올라왔는데, 내 눈앞에 펼쳐진 것은 정상이 아닌 가파른 내리막길

뿐이었다. 결국 끝이 보이지 않는 가시밭길에 내 영혼은 갈기갈기 찢겼고 심신은 만신창이가 되었다. 내 심장은 죽은 지 오래였다. 그렇게 7년여의 시간을 보냈다.

도대체 내 죄가 무엇이기에, 얼마나 더 많은 고통과 시련을 겪어야 하는지 하나님께 묻고 또 물었다. 그리고 겨자씨 같은 어린 내 새끼들이 시든 배추 잎처럼 누렇게 떠가는 걸 보면서 나는 처음으로 하나님을 원망했다.

"하나님, 도대체 당신은 어디에 계시는지요? 왜 자꾸 제게 감당할 수 없는 시련을 주시는 건가요? 도대체 저의 죄가 무엇입니까?"


나는 하나님께서 사람을 쓸 때는, 썩은 물을 완전히 들어낼 때까지 기다리고 또 기다리신다는 사실을 알지 못했다. 야곱도 20년간의 쓰라린 기다림을 겪어야 했으며, 요셉 역시 13년간의 모함과 억울한 옥살이 끝에 쓰임을 받을 수 있지 않았던가! 하지만 여전히 철이 없던 나는 '김치를 담았으면 먹어야지 왜 자꾸 파묻으려 하느냐'라며 원망만 늘어놓았다. 그때마다 주님의 대답은 한결같았다.

"너는 아직 상위로 올라갈 김치가 아니다. 좀 더 기다려라. 엄동설한이 오면 네 것을 꺼내 쓸 것이니."

그러던 어느 날, 하나님은 내게 '김치장수'가 되라 하셨다. 웃음이 나왔다. 말 그대로, 맨손, 빈털터리, 무일푼인 상황에서 무슨 장사를 하라는 것인지 이해가 되지 않았다. 하지만 '아무 것도 없다'라는 항변은 받아들여지지 않았다. 나는 수중에 있던 단 돈 3만 원과 길에서 주워 온 386 컴퓨터 한 대 그리고 반평생 들고 다닌 낡은 세일즈 가방으로 김치장수를 시작했다. 사실 내 창업 자금은 하나님의 인도하심에 대한 믿음뿐이었다.

남자가 집에서 배추를 만지고 있으니 주변의 시선은 더욱 차가워졌다. 아내마저도 '차라리 나가서 택시라도 몰지, 남자가 할 일이 없어서 집에서 김치나 담그느냐' 라며 이해하지 못했다. 죽음 같은 절대 고독 속에서 배추를 다듬고, 김치를 담그며 나는 끊임없이 질문을 던졌다.

하나님은 왜 크지도 알차지도 않은 조선 배추 같은 나를 택하셔서 김치를 담그듯 다루시는가?

얼마나 더 죽었다 살아나야 숙성된 김치처럼 완숙한 인생으로 설 수 있는가?

하나님은 김치 같은 인생을 무엇에 쓰려고 하시는가?

지금부터 나는 이 질문에 대한 깨달음을 얘기하고자 한다. 이 책에 쓰인 이야기는 처절한 나의 생존 기록이다. 그것도 어떤 상황에서도 승리를 만들어내는 '이기는 생존(Survival)기록' 이다. 나는 이 책을 통해서 '하나님의 능하신 손아래서 겸손하면 우리를 높이신다' 라는 사실과, '그 나라와 의를 먼저 구하는 자에게 무엇을 더하시는지'를 담대히 증거할 것이다. 더불어 주님의 은혜와 내 안에서 역사하시는 주님에 대한 기록의 중요성도 말할 것이다.

무엇보다 나의 근원이 되시는 하나님 오직 한분과 함께 식객처럼 떠돌아다닐 때, '물과 떡' 그리고 '글 농사'의 터를 허락해주신 목사님 그리고 나를 생육하신 부모님과 영적 지도자들, 매 순간 칼질을 하고 소금을 치며 매섭게 다루었던 고마운 손길들에게 머리 숙여 감사의 마음을 전한다. 또한 모든 사람이 외면할 때 나를 인생 김치장수로 만들어준 '국민일보'의 정수익 기자와 이 책을 안겨준 나침반 출판사의 김용호 대표님 그리고 원고 정리를 도와 준 김수연 작가에게 각별한 마음을 금할 수 없다. 맛있는 인생 김치를 담글 수 있도록 모진 비바람을 견디며 나를 품어준 김칫독 같은 아내와, 달랑무 같은 두 딸에게도 감사하다.

　마지막으로 이 책이 영원의 문을 열고 천국으로 입성하신 아버지의 기쁨이자 자랑이 되기를 바라며….


디지털 김치장수

신동렬

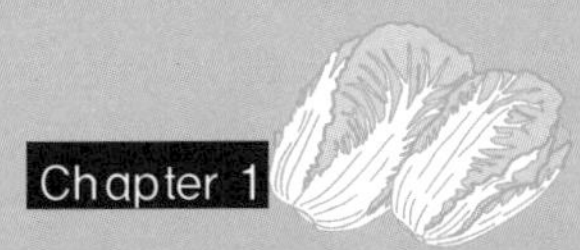

# 어린 배추는 차가운 비바람을 견뎌야 깊은 맛의 배추로 성장할 수 있다

# 저의 물질을 몽땅 거두어가 주시옵소서

1999년 12월 22일 동짓날 오후, 늦은 첫눈이 내렸다. 크리스마스는 3일, 새천년은 불과 열흘 앞두고 내린 눈이었다. 밀레니엄에 대한 부푼 희망과 벅찬 기대는 갑자기 내린 첫눈 덕분에 절정으로 치달았다. 그렇게 대한민국 아니, 전 세계가 들썩이고 있던 그날…. 나는 벼랑 끝에 섰다. 운영하던 사업체가 부도난 것이다.

그 시절 누구나 그렇듯, 나 역시 IMF 외환위기라는 거센 한파를 벗어나지 못했다. 누구를 원망하고 탓할 겨를도 없이 휘몰아치는 쓰나미와 맨몸으로 맞서야 했다. 나의 삶의 터전이 모래성처럼 허물어 내리는 모습을 보면서도, 발만 동동 구를 뿐 손을 쓸 수가 없었다. 사업, 가족, 재산, 평화, 아이들의 해맑은 웃음까지…. 나의 모든 것이 송두리째 무너졌다. 그 순간 하나님을 전하고 싶은 사명도 잃었다. 불꽃 같은 나의 인생과 사업은 20세기와 함께 그렇게 저물어가고 있었다.

더 이상 떨어질 곳도 없었다. 모든 것을 포기할 것인가? 그렇다면 사랑하는 아내와 어린 보리싹 같은 두 딸은 어찌할 것인가? 이대로 생을 이어간다면 협박과 멸시, 두려움은 어떻게 피할 것인가? 하루에도 열두 번씩 바뀌는 생각으로 머릿속은 롤러코스터를 탄 듯 요동쳤다. 마침내 큰 결심을 하기에 이르렀다. 나는 가족들을 불러 모았다.

당시 나는 적의 노비가 되어 치욕스러운 삶을 사는 것보다, 차라리 자신의 손에 죽는 것이 낫다며 가족들의 목을 모두 벤 계백 장군의 심정이었다. 내게는 대략 10억여 원의 빚이 있었다. 그 엄청난 빚을 지고 살아나가고자 한다면, 앞으로 우리는 말로 표현할 수 없는 수모와 치욕 그리고 고통을 당할 것이다. 이를 견딜 수 없다면 차라리 죽는 게 나았다. 필사즉생 필생즉사(必死卽生 必生卽死)라는 말처럼, 앞으로 우리 가족은 죽기를 각오하고 살아야 했다.

"이제 우리는 모든 것을 바꿔야 한데이. 넘들한테 이 정도로 빚을 지고 사람답게 살 수 있다는 생각은 버려야 하는 기라. 모두 정신 똑바로 차리 그래이. 죽을 각오로 살 생각이 없으면 차라리 여기서 모두 죽는기 낫다!"

아내와 아이들의 마음이 예전과 같다면 나는 정말이지 그 자리에서 우리 네 식구의 죽음을 택했을 것이다. 그런데 아내와 아이들은 죽을 각오로 살겠다며 '살려달라'고 울기 시작했다. 아이들은 겁에 질려 제대로 숨도 쉬지 못했고, 아내는 '이 어린 것들이 무슨 죄가 있냐'라며 울며 매달렸다. 나는 가족들의 서글픈 울음소리를 들으며 조용히 방을 나왔다. 그리고 그 순간 마음으로 아내와 아이들을 모두 베었다. 내게서 가족 모두를 여읜 것이다. 그렇지 않으면 앞으로 살아나갈 자신이 없었다.


새천년의 희망은커녕 체념조차 남지 않은 새해 벽두, 나는 간신히 마련한 500만 원을 들고 살던 곳을 빠져나왔다. 마치 롯이 소돔을 떠나듯 내 곁에는 아내와 두 딸 그리고 충견 '예삐'만 있을 뿐이었다. 그렇게 우리는 고양시 행신동의 20년 된 낡고 허름한 13평 아파트에 보금자리를 잡았다. 동장군의 서슬 퍼런 칼날에 아이들의 입술이 파랗게 질려가는 저녁, 우리는 집 앞의 작은 식당을 찾았다. 솔직히 나는 허기를 느낄 여유도 없었다. 하지만 아이들을 굶길 수도 없는 노릇이었다.

남부럽지 않게 살던 생활이 먼 옛날처럼 아득하게 느껴졌다. 다른 사람에게 피해주지 않고 그저 열심히 앞만보며 달려왔는데 어쩌다가 이렇게 됐는지, 앞으로 어떻게 살 것인지 머릿속이 복잡했다. 그런데 순간, 나는 하나님이 나의 기도에 응답을 주셨다는 사실을 깨달았다.


당시 나와 아내의 불화는 극에 달해있었다. 결혼 후 얼마가 지난 후부터 우리는 성격부터 취미까지 어느 하나 맞는 게 없었다. 마치 자석의 같은 극이 만난 것처럼 서로 밀어내기 바빠, 도저히 하나가 될 수 없을 것처럼 보였다. 아침에 눈을 뜬 순간부터 저녁에 눈을 감는 순간까지 우리는 마치 집안의 원수라도 되는 양 서로 으르렁거리며 상처 주는 일을 멈추지 않았던 것이다. 육아문제와 양쪽 집안문제로 하루가 멀다 하고 말다툼을 벌였는데, 부부싸움의 주된 원인은 바로 경제적인 부분이었다.

당시 나는 운영하는 사업이 잘 되어, 경제적으로는 별 어려움을 겪지 않았다. 비록 10년 전의 일이지만 월평균 1천5백만 원 정도의 수입이 되었고, 많을 때는 월 5천만 원까지 벌기도 했었다. 그런데 물질적인 풍요와 비례적으로 아내와의 불화가 커졌다. 나의 벌이가 커질수록 아내의 씀씀이가 헤픈 것처럼 느껴졌고, 결국 나는 그것이 사치라고 생각되어 참으려고도 이해하려고도 하지 않게 되었다.

나는 어린 시절부터 돈을 허투루 쓰는 일이 없었다. 한 번 내 주머니에

들어온 돈은 잘 내놓지 않았다. 적어도 아내를 만나기 전까지는 그랬다. 그 이유는 바로 우리 어머니 때문이었다.

어린 시절, 아버지가 하시던 사업이 부도가 난 뒤, 어머니는 솜틀공장을 운영하셨다. 온 종일 먼지 구덩이에서 일하시며 남편과 5남 1녀의 생계를 책임지신 것이다. 당시 어머니는 내게 매일 10원씩 용돈을 주셨는데 나는 차마 그 돈을 쓰지 못했다. 솜을 틀고 먼지로 뒤덮인 어머니의 얼굴을 보고 그 돈을 함부로 쓸 수 없었다. 어린 마음에도 그 돈은 단순한 동전이 아닌 어머니의 피 값이라는 사실을 깨달은 것이다. 매일 용돈을 받으면서도 사탕 하나, 구슬 한 알 사지 않는 나를 보며 주위에서는 '꼼상'이라 놀렸지만 어쩔 수 없었다. 나는 딱지를 사는 대신 그 돈을 돼지저금통에 모았다. 그리고 월말이 되면 그렇게 모은 3백 원을 고스란히 어머니께 되돌려 드리곤 했다. 이러한 절약정신은 나도 모르게 몸에 베여 습관이 되었다. 대학시절에는 하루 두 끼를 먹고 저녁 식사비는 저금할 정도였다. 덕분에 졸업할 무렵에는 상당한 금액의 청약저축 통장도 만들 수 있었다. 그런데 아내는 달랐다.

어렸을 때부터 귀하게 자라 먹을 것 다 먹고, 입을 것 다 입으며 살아온 것이다. 나는 그녀의 낭비벽을 탓했고 그녀는 나의 속 좁음을 원망했다. 결국 이렇게 시작된 싸움은 양가 부모님에 대한 비방으로 번지더니 형제들의 갈등까지 조장하기 시작했다. 게다가 아내는 호남출신, 나는 영남출신이었다. 유치하게도 우리는 지역감정까지 드러내기에 이르렀다. 그 순

간 너무 비참했다. 어쩌다 우리의 관계가 이렇게까지 처참하게 되었는
지…. 소리 없는 눈물이 절로 나왔다.

우리는 하루에도 몇 번씩 이혼을 생각했다. 하지만 너무도 사랑하는
그녀를 포기할 수는 없었다. 이대로 두었다가는 환락과 금전에 대한 미련
때문에 소금기둥이 된 롯의 아내가 될 듯싶었다. 아내는 하나님보다 물질
을 더 좋아하고 그것에 빠져 지내는 것처럼 느껴졌다. 내가 매달릴 곳은
하나님밖에 없었다.

하나님, 제 아내의 미천한 믿음을 용서하여 주시옵소서. 아직 진정
한 주님을 만나지 못한 그녀의 영혼을 불쌍히 여기시어, 제발 아내
에게 한 번만 기회를 주시옵소서. 도대체 아내로 인한 저의 고통이
언제면 끝나겠습니까? 저는 그녀를 포기할 수 없습니다. 이 가족의
평안을 위하여 제가 하나님 아버지께 무엇을 드리면 되겠습니까?
아브라함이 아들 이삭을 주님께 바쳤던 것처럼, 저는 저의 모든 재
산을 주께 바치겠나이다.
주님께서 바라시는 게 그녀와의 이별이 아니라면, 우리 부부의 갈
등과 번목의 원인이 되는 저의 재산을 모두 거두어가 주십시오. 그
래서 우리 부부에게 평화가 찾아올 수 있다면 저의 모든 물질을 가
저가 주십시오. 그것이 아내와 이혼하는 것보다, 이 생활을 견디다
못해 제 목숨을 스스로 포기하는 것보다 나을 것 같습니다. 그걸 허

락해 주신다면, 하나님께 깊은 감사를 드리겠나이다.

결국 아내와의 불화로 이어지는 고통이 참을 수 없는 수준에 이르자, 스스로 모든 물질적 풍요를 거두어 가시라는 간절한 기도를 드리게 된 것이다. 당시 나는 모든 재산과 마음의 평안함을 바꿀 정도로 정신적으로 피폐해 있었다. 모든 불화가 물질로부터 시작되니, 그것이 없어지면 아내가 변할지 모른다는 막연한 기대감도 들었다. 만약 나의 기도가 이뤄진다고 해도 얼마 지나지 않아 하나님께서 다시 일으켜 세워 주시리라는 교만한 믿음도 있었다.

결국 나의 부도는 나의 만용과 오만이 불러온 결과였다.


## 신분증 좀 보여주시죠

허겁지겁 밥을 먹는 아이들의 모습에 나도 모르게 눈물이 고였다. 나는 목울대를 넘어오는 서글픔을 누르기 위해 흰 쌀밥을 꾸역꾸역 밀어 넣었다. 그리고 뜨거운 감자탕 국물로 눈물을 삼켰다. 가족들에게 못난 가장의 모습이 보이기 싫어 창밖으로 고개를 돌렸다. 거리에는 매서운 칼바람에 미처 녹지 못한 눈발이 벌거벗은 가로수들 사이로 휘날리고 있었다.

한때 저 나무들도 가지가 흐드러지도록 무성한 푸른 잎과 많은 열매를 맺었을 것이다. 하지만 그 모든 부귀영화는 과거일 뿐, 현실은 차가운 바람과 메마른 가지 그리고 벌거벗은 몸둥이가 전부였다. 문득 앙상한 생의 가지에 매달려 있는 내 운명이 서글퍼졌다. 살아 있다는 것이 이렇게 사무치는 일인가…. 생의 무게가 참으로 무서운 밤이었다.

하루에도 수십 차례 걸려오는 빚쟁이와 친인척들의 빚 독촉 전화로 아침에 눈을 뜨고, 협박성 편지를 읽으며 하루를 마감했다. 나는 그때 남보다 피붙이가 무섭다는 사실을 알았다. 아내와의 불화는 타오르는 불씨처럼 커져갔고, 아이들은 소금에 절여진 배추처럼 생기를 잃어가고 있었다.

'난 진정 하나님께 버림받았는가?'

'남들은 실패와 좌절 가운데 하나님을 만나 새 인생을 찾는다는데, 난 왜 하나님을 만난 가운데 영적 사망을 경험해야 하는가?'

'내가 이 영적사망 상태에서 과연 다시 살아날 수 있을 것인가?'

하나님이 나를 떠나신 것은 아닌지 두려워졌다.

더는 물러설 곳도 나갈 곳도 없는 벼랑 끝에 서 있는 기분이었다.

하루하루 죽음보다 더 큰 고통이 이어졌다.

당시 나는 '부정 수표 단속법'에 걸려 검찰의 수배를 받고 있었다. 우리나라는 수표를 발행하거나 작성한 사람이 그 돈을 갚지 못하면 처벌을 받게 되는데, 내게는 사채업자에게 갚지 못한 5억 원의 부채가 있었던 것이다. 일전에 김치를 싣고 수색검문소를 지나가다가 불심검문을 당한 후로, 3년여를 꼼짝 않고 집안에만 틀어박혀 있었다. 집 밖 사방 모두 길인데, 그 어느 길로도 다닐 수가 없는 답답함은 이루 말할 수 없었다.

그러던 어느 여름날, 끈질기게 쫓아다니던 사채업자에게 전화가 걸려왔다. '부도난 수표를 모두 돌려주겠으니' 만나자는 것이다. 이를 다시 말하면, 수배자 생활이 끝난다는 의미이기도 했다. 그동안 빚쟁이들의 협박과 수배에 대한 불안으로 뛰던 내 심장이, 오랜만에 흥분으로 두근거리기 시작했다. 간절한 기도의 응답이라는 생각에 내 입에서는 절로 감사의 기도가 나왔다.

우리 부부는 부푼 가슴을 안고 집을 나섰다. 강남으로 향했다. 그런데 약속장소인 강남으로 향하는 지하철 안에서 나는 신문 하나를 집어 들었다. 우연인지 필연인지, 사회면에는 악덕 사채업자를 만나 끔찍한 일을 당한 사람들의 이야기가 상세히 쓰여 있었다. 나와 아내는 한 글자도 빼놓지 않고 상세히 기사를 읽어 내려갔다. 내용도 끔찍했지만 남의 일 같지 않은 생각에 착잡한 마음을 금할 수 없었다. 잠시 할 말을 잃은 우리는 '그래도 착한 사채업자를 만나서 다행'이라며 서로를 위로하며 약속장소에 도착했다. 그때까지만 해도 내 앞에 놓인 운명을 알지 못했다.


약속장소에 들어서니, 언제 왔는지 채권자는 벌써 도착해 자리를 잡고 앉아 있었다. 나는 반가운 마음에 한달음에 걸어가 그의 앞에 앉았다. 그런데 그는 인사를 건넬 새도 없이, 휴대전화를 꺼내 들고 어디론가 전화를 걸기 시작했다. 하지만 너무 짧은 통화였기에 나는 별 신경을 쓰지 않았다. 우리는 의례적인 안부를 건네고 대화를 나누기 시작했다. 얼마나 이야기를 나눴을까, 먹이를 앞에 둔 맹수의 눈빛을 한 경관 2명이 다방으로 들어섰다. 정복차림이었기 때문에 확연히 눈에 띄었다. 그들은 한 치의 망설임도 없이 내게로 걸어왔다.

"수배자를 검거 중입니다. 신분증 좀 보여주시죠."

순진한 것인지 멍청한 것인지…. 그 순간까지도 나는 전혀 사태를 파악하지 못했다.

"아고마, 우리는 지금 합의 중의라예. 번지수를 잘못 찾아오신 것 같심니더."

하지만 나는 이미 2명의 경관에 의해 자리에서 일어나고 있었다.

오래전부터 사채업자는 일시 변제를 원했었다. 하지만 난 정말 가진 것이 없었다. 속된 말로 개털이었다. 몇 년 동안 일시 변제를 원하는 그와 점차 조금씩 갚아 나가겠다는 나의 의견은 합의점을 찾지 못하다가 결국 최악의 상황에 이르고 만 것이다. 나는 경찰에 잡힌 일보다도 아내가 걱정됐다. '이제 사람답게 살아 보자고, 열심히 벌어서 고마운 사채업자에게 빚을 갚자고'하며 희망에 찬 얼굴로 함께 왔는데, 그 앞에서 잡혀왔으니 얼마나 큰 쇼크를 받았겠는가. 꼭 아내 앞에서 이렇게까지 했어야 했는지 사채업자에 대한 분노가 치솟았다.

얼마나 지났을까, 근처 파출소로 이송되어 조서를 꾸미고 있는데 그가 찾아 왔다.

"심형, 알죠? 이대로 가면 1년 이상 학교(?)에서 썩는 거. 인생 공부 많이 하쇼. 빨리 해결하고 싶으면 처가든 어디든 가서 돈 구해서, 전화하라

하고.

아참! 은행이자가 아닌 것은 알지? 가만있어보자…. 그동안 밀린 이자 까지 계산해보면, 2억 5천 정도는 되겠네. 원금 8천5백에 이자 1억 6천5 백! 아, 계산 깔끔하다.”

웃음이 나왔다. 나는 이미 처가에도 1억여 원의 빚이 있었다. ‘벼룩도 낯짝이 있다’라고 더 이상 처가에 손을 벌릴 수는 없었다. 사실 가족들도 외면한 마당에 처가라고 다를 바 있겠는가. 나는 또다시 모두에게 버림받 았다는 차가운 현실의 벽에 부딪혀야했다.


그날 바로 주소지 경찰서로 이송되어 오랜 조사가 이어졌다. 나는 부 도가 난 경위와 금액 그리고 체포된 상황 등에 대한 조서를 꾸몄다. 긴 조 사를 마친 수사관은 딱한 표정으로 ‘상황은 안 됐지만 실정법에 위반되어 구속될 수밖에 없다’라고 이야기했다. 비록 IMF, 국가 전체 부도라는 특수 상황을 고려하더라도 부도 금액이 5천만 원 미만이어야 구속을 면한다는 것이다.

수사관의 ‘국가 전체 부도’라는 말이 낯설지가 않았다. IMF는 하루아 침에 익숙한 모든 풍경을 바꿔 놓는 대단한 위력을 발휘했다. 이 땅 위의 많은 가장이 실직자로 전락하고, 생활고를 이기지 못한 아내들의 가출이 시작됐다. 남은 아이들은 가난을 먹고 자라야 했다. 어느새 실업자는 180 만 명을 넘어 지하철 역사 한 편을 차지한 노숙자의 모습도 낯설지 않았 다. IMF는 직격탄을 맞은 사람이나, 곁에서 그 모습을 지켜보는 사람 모두에게 힘든 시간이었다. 이제 나도 노숙자가 될 일만 남은 것인가…. 이런 저런 생각에 그저 고개만 끄덕이며 소금에 절여지기 기다리는 배추처럼 처량하게 앉아있었다.


## 나의 예수님 영접기

'그래, 언제까지 수배자로 살 수도 없는 노릇이지.'

차라리 잘 된 일인지도 몰랐다. 있는 그날까지 조용히 머물 것을 다짐하며 푸른 수의로 갈아입고 철창 안으로 들어섰다.

생전 처음 본 유치장 안, 만감이 교차했다. 지금까지 나 잘난 맛에 살아왔는데, 지금 내가 할 수 있는 일은 아무것도 없었다. 내가 할 수 있는 일이라고는 그저 하나님께 나를 긍휼히 여겨 달라는 기도뿐이었다.

하나님, 저는 지금 마른 낙엽처럼 나약합니다. 저를 왜 이렇게 초라한 모습으로 만들어 놓으셨나이까. 당신께 드릴 것은 이 사랑하는 마음 하나. 하지만 생명을 달라시면 십자가에 내려 놓겠습니다. 그러니 오만함과 미천함 때문에 하나님 앞에서 온전히 서지 못하고, 하나님께 집중하지 못한 어리석은 저를 용서해주십시오. 제가 이 시련을 버틸 수 있도록 힘을 주시옵소서.

저는 하나님께서 긍휼히 여겨 주셔야 살 수 있고 승리할 수 있습니다.
그러니 당신의 도움 없이 아무것도 할 수 없는 저를 불쌍히 여기시고, 이 기도를 받아 주시옵소서.


함께 입방하는 2명의 피의자와 어색한 인사를 나누고 나니, 딱히 할 일이 없었다. 잠시 바닥에 앉아 있던 나는 감방 귀퉁이를 이용하여 팔굽혀펴기를 시작했다. 그것도 모자라 철창에 발을 걸쳐 윗몸 일으키기도 했다. 오랜 수감생활을 하려면 체력이 필수라는 생각이 들어서였다. 얼마나 지났을까, 저녁식사가 제공되었다. 나는 보리밥에 된장국, 단무지와 고추장을 반찬 삼아 감사한 마음으로 저녁을 먹었다. 그리고 수도꼭지에 연결한 간이샤워기로 대충 씻고 교도소에서의 첫날밤을 보냈다. 그날 저녁 나는 "과연 하나님이 진정 나의 마지막 피난처이신가?"라는 생각에 쉽게 잠을 이루지 못했다. 그런데 불현듯 하나님을 영접하던 그날이 떠올랐다.


나는 어린 시절 여름성경학교에서 주는 맛있는 간식을 맛보는 재미로 교회를 몇 번 찾은 것 외에는 35세가 다 되도록 하나님을 모르고 살았다. 게다가 나의 어머니는 매일 정안수를 떠놓고 가족의 평안을 기원할 정도로 독실한 불교신자셨다. 아버지도 마찬가지셨다.

그런데 35세가 되던 8월 초순 어느 일요일. 문득 '어떻게 하면 내 나이 70세가 되어도 후회하지 않는 인생을 살 수 있을 것인가' 라는 생각이 들었다. 이처럼 기를 쓰고 모은 돈이나 명예가 그때 가서 헛것으로 느껴지면 얼마나 허무할 것인가. 땀을 뻘뻘 흘리고 정상에 올랐는데 '이 산이 아닌가벼?' 하면 어쩌느냔 말이다.

사실 당시 내 생활은 순풍에 돛단 듯 모든 것이 순조로웠다. 막 시작한 사업도 그럭저럭 잘 되었고 경제적으로도 그리 어렵지 않았다. 겉으로 보기에는 아무런 문제가 없었다. 그러나 나는 몹시 초조했고 또 지쳐있었다. 마치 고요한 밀림에서 언제 목덜미를 물지 모르는 맹수의 살기를 느낀 사슴처럼 심신이 늘 편치 못했다. 마음 깊은 곳에서 우러나오는 진정한 기쁨이 없었다. 아마 내가 걷는 길에 대한 확신과 믿음이 없었기 때문이리라. 목적 있는 삶, 바른 길로 가는 삶을 살아야 한다는 생각이 들었다. 그런데 마침 주일학교를 다녀온 6살 된 딸 수지가 앙증맞은 입술을 열었다.

"다음 주 아빠도 교회같이 가. 알았지!"


그날 오후, 아침부터 이어진 생각으로 복잡해진 머리를 식히기 위해 집 앞으로 난 오솔길을 찾았다. 그날따라 저녁노을은 더욱 붉어 보였다. 또다시 모든 것이 허무하다는 생각이 몰려들었다.

"낙엽이 떨어지는 것도 아닌데 도대체 왜 이럴까?"

나는 몇 가지 화두를 떠올리며 길을 걷기 시작했다.

"과연 인생의 궁극적인 목적은 무엇인가?"

"어떻게 하면 형편에 상관없이 즐겁게 살 수 있는가?"

"어떻게 하면 죽음을 두려움 없이 웃으며 맞이할 수 있는가?"

"그리고 무엇을 남기고 가야 하는가?"

나는 위와 같은 화두를 오랜 시간 생각해 왔다. 하지만 쉽게 답을 구할 수 없었다. 마음속 깊이 자리 잡은 혼돈과 불안은 시간이 지날수록 커졌다. 누가 보더라도 사지육신은 멀쩡한데 나의 내면은 누적된 피로와 균열로 인해 붕괴 일로에 처해 있었다.

얼마나 걸었을까, 평소 안면이 있는 30대 중반의 이웃 여성을 만났다. 그런데 그녀도 대뜸 이렇게 말하는 것이 아닌가!

"심 사장님, 다음 주에 교회 갑시다."

안 그래도 아침에 딸의 교회가자는 말도 신경이 쓰이는 터였다. 하루에 두 차례 같은 말을 들으니 범상치 않다는 생각이 들었다. 1992년 8월 15일. 그 역사적인 광복절 주일에 나는 이웃집 여인의 부탁에 이끌려 광림교회를 찾게 되었다.


사실, 내가 처음 하나님께 다가간 것은 고등학교 3학년 무렵이었다. 당시 내가 다니던 고등학교는 천 길 낭떠러지 길을 굽이굽이 돌고 도는 영도 섬 끝 자락에 있었다. 매일 아침 만원버스에 몸을 실은 나는 산허리를 감아 도는 그 길을 지날 때마다 아찔함을 느껴야 했다. 그런데 본고사를 3개월 앞두고 치른 예비고사 점수를 받아들자 더욱 아찔했다. 그 점수로는 갈 만한 대학이 없었던 것이다. 선생님조차 별 기대를 안 했지만 나는 이를 악물고 공부했다. 그런데 입시의 중압감을 이기지 못한 친구 하나가 자살바위에서 뛰어내리는 비극적인 일이 일어났다.

매일 밤 도서관에 공부를 끝내고 버스로 그 길을 지날 때면 착잡한 심경을 이루 말할 수 없었다. 특히 휘영청 밝은 달이 밤바다를 비추노라면 입시에 대한 무거운 중압감으로 가만있던 심장이 마구 뛸 정도였다. 그리고 '아, 나도 지금 저 벼랑에 서 있다. 조금만 한 눈 파는 사이 그 친구와 같은 운명이 될 것이다'라는 생각이 들 때마다, 절실히 붙잡을 무언가가 필요했다. 나도 모르게 기도가 나왔다.

"하나님, 부디 제게 닥친 인생의 첫 시험을 잘 견딜 수 있도록 도와주십시오. 제발 살아남아서 하나님을 믿게 해주십시오."

그 기도는 응답이 되어 돌아왔다. 물론 당시에는 그것이 기도의 응답인지도 몰랐지만…. 보름 후 서강대학교 입시시험을 보는데 영어문제의 지문이 낯익었다. 매일 밤 하굣길 버스에서 흘러나오던 '배삼룡의 세월 따라 노래 따라'에서 들은 이야기가 지문으로 출제된 것이다. 덕분에 나는 수십 점의 로열티를 얻을 수 있었다. 동해안의 밍크고래가 간밤의 어망에 걸려든 꼴이었다. 그리고 본고사 시험 당일. 수학문제에서도 똑같은 기적이 일어났다. 점심 먹는 것도 뒤로하고 푼 문제집 지문에서 단어만 살짝 바뀐 확률문제가 출제된 것이다.

하지만 대학에 입학한 나는, 인생의 첫 위기에서 나를 구원해 준 보이지 않은 손길을 까맣게 잊고 살았다. 15년 만에 '탕자'가 되어 하나님의 품으로 돌아온 것이다. 예배가 시작되고 목사님의 설교가 이어지는 동안 나는 큐피트의 화살에 심장을 관통당한 느낌이었다.

모든 말씀이 나를 위해 예비된 말씀처럼 마음을 송두리째 흔들었다.

"아, 오늘이 내 인생의 광복절이구나! 하나님이 내 인생의 광복을 허락하셨구나!"

나는 마치 갓난아이로 돌아간 기분이 들었다. 세상 그 무엇보다 따뜻하고 세상 그 무엇보다 넓은 하나님의 품에 안겨 때 묻지 않은 어린 아이의 눈으로 주님을 바라보고 싶었다. 그 안에서 하나님의 뜨거운 숨결과 심장소리 그리고 무한대의 사랑을 느끼며 내가 당신을 사랑하노라고, 죽도록 사랑하노라고, 너무 늦게 그 사랑을 알아 죄송하다고 소리치고 싶었다.

당신의 이름만 불러도 이토록 설레고 보고 있어도 이토록 보고 싶은데 어찌하여 저를 이렇게 늦게 찾아주셨나이까.

당신께 드린 것 하나 없이 원망부터 늘어놓는 이토록 나약하고 초라하며 보잘것없는 저를 어찌하여 아무 조건 없이 당신의 자녀로 받아주셨나이까.

그동안 저는 제 삶의 주인이 저라고 생각했습니다. 죄를 죄라고 여기지 않고 탐욕을 일삼으며 내 이웃의 안위보다는 일신의 안위를 위해 살아왔습니다. 사랑하는 하나님 아버지, 저는 너무 나약하고 미약한 존재입니다. 세상의 먼지보다 못한 존재를 당신의 귀한 자녀로 삼아주신 은혜에 항상 감사하고 기뻐하며 쉬지 않고 기도하게 하소서.

탐욕과 욕심을 저 발끝 아래로 던지고 당신의 뜻에 순종하겠습니다. 부족한 저이지만 하나님이 기뻐하시는 삶을 살겠습니다. 저의 모든 것을 온전히 주께 드리길 원합니다. 세상 모든 갈등과 두려움에서 벗어나 제가 하는 일들이 당신의 뜻대로 이뤄지기를 기도합니다.

제가 복의 통로가 되어 당신의 역사를 전할 수 있도록 힘을 주십시오.

어리석은 저를 사랑해주시고 긍휼히 여겨주셔서 감사합니다. 정말로 감사합니다.


## 성경을 통해 배운 진정한 '사랑의 기술'

좀처럼 눈물이 멈추지 않았다. 주위 사람의 시선도 신경 쓰이지 않았다. 오죽 주 예수 그리스도만 보일 뿐이었다. 얼마나 지났을까, 정신을 차린 나는 제일 먼저 아내를 생각했다. 내가 경험한 믿을 수 없는 은혜의 역사를 아내에게도 전해주고 싶었다. 아내가 원하는 육체적, 물질적 요구도 마땅히 들어줘야 하지만, 그보다 더 큰 진정한 기쁨과 감사가 넘치는 영적 선물인 천국의 평안을 선물하고 싶었다. 하지만 이미 우리 사이는 멀어질 대로 멀어진 상태였다. 주변의 모든 반대를 무릎 쓰고 선택한 아내인데 어쩌다 우리 사이가 이렇게 되었을까…. 구원의 감격 너머로 깊은 회환이 밀려왔다.

서울 외곽에서 단 돈 500만 원으로 신혼살림을 시작한 우리는 소박하지만 참 행복했다. 넘치는 사랑 속에서 첫 아이가 태어나고, 학생 때부터 넣었던 '1순위 청약저축예금' 덕에 수색에 조그마한 다세대주택도 구입할 수 있었다. 백설공주 같은 아내와 토끼 같은 자식 그리고 내 집까지 있으니 그야말로 세상 부러울 것이 없었다. 그런데 당시 힐튼호텔에서 근무하던 술자리가 많은 구매부로 옮기고 나서부터 아내와의 사이에 이상기류가 흐르기 시작했다. 문제는 나의 늦은 귀가였다. 끊임없이 이어지는 술자리나 아니면 야간 대학원 수업으로 매일 12시가 넘어 집에 들어간 것이다. 혼자 육아에 지친 아내의 눈에 그런 모습이 곱게 비칠 리 없었다. 부부싸움이 잦아졌다.

그런데 하루는 말다툼하던 중, 내가 가보로 여기던 '부부사랑-여필종부' 주걱을 아내가 부러뜨리는 사건이 일어났다. 그 주걱은 부산 본가 신혼방에서부터 걸려 있던 것이다. 주걱 앞면의 '부부사랑', 뒷면의 '여필종부'라는 글씨는 우리 7년 사랑의 결실인 결혼을 축하하며 한자 한자 내가 정성스럽게 써 넣은 것이었다. 이러한 사실을 잘 아는 아내가 보란 듯 내 눈앞에서 주걱을 부러뜨려 버렸다. 그렇게 결혼생활 1년 6개월 만에 우리 부부는 부서진 주걱처럼 금이가고 있었다.

배추가 소금에 절여지듯 남자와 여자는 사랑에 절여져 결혼이라는 장독으로 골인을 한다. 하지만 남자는 가정을 책임져야 한다는 막강한 책임감에 일에 절어 살고, 여자는 육아와 아이들 교육에 절어 살다 보면 어느 순간 남보다 못한 관계가 되기 십상이다. 10년을 살든 20년을 살든 제대로 발효가 되지 못해, 먹지도 버리지도 못하는 김치가 되고 마는 것이다. 부부라는 것이 언제나 풋풋하고 아삭한 맛이 가득한 겉절이 같은 관계로 유지되면 얼마나 좋겠는가. 하지만 겉절이는 오래 두고 먹을 수 있는 음식이 아니다. 그러니 남자와 여자가 만나 부부라는 이름으로 다시 태어나면, '믿음'과 '사랑' 그리고 '배려'를 양념 삼아 잘 발효될 수 있도록 잘 버무려야 한다. 그래야만 오래돼 곰삭은 냄새조차도 향기로 느낄 수 있는 관계가 되는 것이다.

하지만 젊은 혈기 가득했던 나는 아내에 대한 배려를 잊은 지 오래였다. 나의 뜻을 따라주지 않는 그녀에 대한 미움만 홀로 키우고 있었다. 당시 우리 가정은 외줄 위에 올려진 것처럼 위태롭기 그지없었다. 한때 내 전부였던 사람과 원수 아닌 원수가 되어 증오와 분노의 말로 서로에게 상처를 주며 우리는 그렇게 버텨왔다.

아내와의 전쟁에 지칠 대로 지친 나는, 하나님께 그녀의 첫 모습을 돌려 달라고 간절히 기도를 했다. 사업보다도 집사람과 관계 회복이 더 중요할 만큼 우리 사이는 악화일로에 있었다. '제가 기억하는 그녀를 돌려주십시오'라고 기도하던 중 문득 깨달은 게 있었다. 하나님에게 일방적으로 달라고만 하고 있다는 사실을 자각한 것이다. 어찌하여 아름다운 아내와 사랑스런 자녀를 허락한 하나님의 은혜를 잊었단 말인가! 나는 서둘러 기도의 내용을 바꿨다. 다시 그녀를 사랑하되 주님 안에서 사랑하게 해달라고 말이다. 하지만 내 믿음이 약한 탓인지 좀처럼 관계는 회복될 기미를 보이지 않았다.

다음 해 1월 신년을 맞아 '40일간 새벽기도'를 드리게 되었다. 수색에서 압구정까지 새벽 4시 반에 도착하려면 최소 3시 30분에는 일어나야 했다. 처음에는 도대체 이 짓을 왜 하나 싶어 포기하고 싶은 마음이 들었다. 당시 나는 신선초를 잘못 먹고 8개월째 설사를 하고 있던 터였다. 따뜻한 잠자리가 나를 유혹했지만, 나를 전도하고 새벽마다 데리러 오는 아주머니의 정성을 생각해서 억지로 몸을 일으켰다. 그런데 20일 정도 지나자 내가 옆집 아주머니를 깨우고 기다리는 상황으로 역전됐다. 그리고 나는 하나님을 2번씩이나 만나는 경이로운 경험을 하게 된다.

25일째 되던 날, 새벽 기도 중 정수리에 뜨거운 것이 꽂히듯 하더니 거짓말처럼 설사가 멈췄다. 하루에도 대여섯 번씩 화장실을 찾는 생활은 몸은 물론 마음까지 지치게 했다. 아무리 좋다는 약을 먹어도 도무지 나을 기미를 보이지 않았다. 나는 새벽 기도 내내 이 고통에서 벗어나게 해달라고 기도드렸다. 그런데 무려 8개월 동안 나를 괴롭히던 설사가 기적처럼 멈춘 것이다. 나는 비로소 처음으로 기도의 응답을 받았다는 사실을 깨달았다. 그러고 나자 더욱 믿음은 확고해져갔다. 내가 경험을 하였는데 무엇을 의심한단 말인가! 이제 아내를 되찾아야 했다.

나는 더욱 간절한 마음으로 우리 사랑의 회복을 구하는 기도를 드렸다. 그렇게 첫 번째 기도의 응답을 받은 지 며칠이 지난 새벽, 여지없이 새벽 3시 반에 일어나 주섬주섬 옷을 챙겨 입고 있는데 자던 아내가 벌떡 일어나 믿을 수 없는 이야기를 내뱉었다.

"수지 아빠, 나 좀 데리고 가이소."

10년이 넘는 세월을 시베리아 얼음보다 차가운 관계로 지내온 아내의 마음을 한 순간에 열 정도로 하나님의 능력이 이리도 위대하시다는 말인가! 하지만 나는 아내의 진심을 알아보기 위하여 한마디로 거절했다. 며칠 다니다가 그만두면 나도 흔들려 기도가 중단되니 호기심에 하는 말이면 다시는 그런 말을 꺼내지 말라고 따끔하게 야단을 쳤다. 그런데 아내는 남은 15일 동안 정말 열심히 다니겠다며 옷을 챙겨 입기 시작했다. 새벽기도를 다니는 나를 보고 '미쳤다'는 표현도 서슴지 않던 그녀였다. 그리고 정말로 남은 기간을 하루도 빠지지 않고 나와 함께 새벽기도를 나갔다. 주님의 능력이 아닌 내 힘으로 억지로 잡아끌었으면 분명 또 다른 갈등이 생겼을 것이다. 그런데 아내가 자발적으로 따라나서니 다툴 이유가 전혀 없었다.

이 미천한 죄인의 무엇을 어여삐 보시고 이렇게 기도에 응답을 주시나이까!

함께 새벽기도를 다닌 후 우리는 눈에 띄게 관계가 호전되었다. 마치 자동차 베어링에다 윤활유를 친 것처럼 부드러운 사이가 된 것이다. 완전한 관계의 회복은 아니었지만 이혼을 앞둔 결정적인 순간에 하나님과의 만남으로 유턴을 하게 된 것이다. 불꽃 같은 사랑의 절정에서 절망의 나락으로 떨어져 희망조차 포기할 무렵, 주님의 은혜를 통해 사랑의 실체를 만난 것이다. 물론 그 후에도 7년 정도 아내와의 갈등은 있었지만 우린 주안에서 하나하나 해결해 나갔다.

감히 말하건대, '성경'은 사랑의 대서사시다. 하나님과 인간이라는 두 주인공이 주고받은 사랑과 배신에 대한 분노와 징계 그리고 용서와 회복을 그린 역동적인 서사시다. 나는 성경을 통해 진정한 '사랑의 기술(Art of Love)'를 배웠다. 하나님이 피조물인 나를 아무 조건 없이 사랑하시듯, 그분이 행여 내게 은혜를 베풀지 않으시더라도, 혹은 나의 구애를 듣지 못하시더라도 무조건 주님을 사랑하기로 했다. 그리고 인생의 마지막 순간까지 모두를 사랑하리라 마음먹었다. 2천 년 이상 인기리에 강연중인 '사랑학 온라인 강좌'를 개설한 위대한 스승인 예수뿐만 아니라, 한 때 나를 고통스럽게 한 이들도 아우를 수 있는 초월적 사랑을 말이다.

만약 그날 오솔길에서 내가 다른 길을 선택했더라면 아마 우리 부부는 지금 같이 있지 못했을 것이다. 그리고 나는 연속되는 사업실패로 인해 죽음의 길을 선택했을 지도 모를 일이다.

그런즉 누구든지 그리스도 안에 있으면 새로운 피조물이라 이전 것은 지나갔으니 보라 새 것이 되었도다 (고린도후서 5:17)

## 나 같은 죄인 살리신 그 은혜

유치장에서의 하루가 지나고 날이 밝았다. 아침을 먹고 나자 딱히 할 일이 없었다. 무료한 시간을 보내려고 간수에게 책을 몇 권 부탁했다. 운명이었을까? 나는 간수에게 건네받은 설교집에서 너무도 유명한 바울과 실라의 이야기를 발견하게 된다.

억울하게 몰매를 맞고 옥에 갇히게 된 바울과 실라. 하지만 그들은 원망하지 않고 밤새도록 하나님을 찬양한다. 주님에 대한 절대적인 믿음으로 부른 찬양은 하나님이 그들과 함께 하심을 보여주는 기적을 불러일으킨다. 지진이 일어나고, 옥문이 열리며 묶인 몸이 자유롭게 된 것이다. 이를 본 간수가 깜짝 놀라 자결하려 하자, "주 예수를 믿으라 그리하면 너와 네 집이 구원을 얻으리라"는 말로 오히려 그를 전도한다. 이윽고 하나님의 전능함을 경험한 죄수들도 회개하고 주님을 믿는 역사가 일어난 것이다.

한밤중에 바울과 실라가 기도하고 하나님을 찬송하매 죄수들이 듣더라 이에 갑자기 큰 지진이 나서 옥터가 움직이고 문이 곧 다 열리며 모든 사람의 매인 것이 다 벗어진지라 (사도행전 16:25-26)

억울한 누명을 쓰고 옥중에 갇혔지만 그 누구도 원망치 않고 주님께 영광을 돌리는 바울과 실라. 옥중에서도 두려움이 사라지게 하고 찬양하는 큰 힘을 발휘하게 하시는 주님의 역사하심이 놀라울 뿐이었다. 그래, 내게 지금 필요한 것은, 오늘 죽을지 내일 죽일지 모르는 상황에서도 하나님의 선하심을 믿고 오히려 감사하는 바울과 실라의 그 절대적인 믿음이었다. 나 같은 죄인을 살리신 그 은혜를 생각하면, 어찌 주를 찬양하지 않을 수 있겠는가! 변함없는 사랑과 구원의 은총으로 나를 인도하신 하나님, 언제나 그러셨던 것처럼 나를 지켜주시고 구원해주시리라는 확고한 믿음이 들었다. 더불어 나약한 인간의 마음으로 잠시나마 하나님을 의심하고 원망했던 내 자신에 대한 부끄러움이 밀려왔다.

하나님, 바울과 실라의 찬양과 기도를 저의 입술에 담아주소서. 그 어떤 상황에서도 하나님께 집중하며, 오직 하나님만 바라보며, 오직 예수님을 증거하며 당신의 전능하심과 역사를 찬양할 수 있도록 하시옵소서!

그날 오후 아내가 자신의 친구와 함께 면회를 왔다. 그런데 아내는 매우 흥분해 있었다. 그 짧은 시간 동안, 어떻게든 나를 꺼내려고 나름 애를 쓴 모양이었다. 그런데 지인들에게서 '그런 일로 전화하지 마라'며 냉정히 거절을 당한 것이다. 어떤 친구는 '조금 있다 보자'라는 말을 했는데 그 뒤로 연락이 닿지 않는다고 한다. 이윽고 아내는 '당신 인생 헛살았다'라며 눈물을 보이기 시작했다. 하지만 나는 새삼스러울 것도 없었다. 친구, 부모, 형제 등 모든 사람으로부터 철저하게 외면 받은 지 오래였기 때문이다. 세상 모두가 나를 버려도, 세상 모든 것이 나를 외면해도 하나님만 함께하시면 괜찮다고 생각했는데 마음은 그게 아니었던 모양이다. 아내의 눈물에 나는 또다시 심장이 베이는 아픔을 느끼고 있었다.

그런데 아내가 뜻밖의 이야기를 꺼내놓기 시작했다. 3백만 원 정도의 급전을 융통하여 변호사를 만나러 간다는 것이다. 어깨가 축 처진 남편이 안쓰러웠는지 아내는 '곧 좋은 일이 있을 것'이라며 용기를 주고 돌아갔다. 절망에 빠져 허우적거리던 게 바로 몇 분 전인데 나도 모르게 '혹시나' 하는 일말의 기대가 생겼다. 그런데 현실적으로 생각을 해보니 곧바로 마음이 정리됐다. 누가 1천만 원이나 되는 변호사 선임 비용 또는 2억 5천만 원이라는 어마어마한 돈을 줄 것인가. 사람의 마음이 참으로 간사하다는 생각을 하며 나는 희망을 접어버렸다.

바로 그날 저녁, 간수가 내 이름을 호명했다. 문제가 해결되기에는 너무 짧은 시간이었다. 추가조사를 위한 호출이란 생각이 들었다. 그런데 간수는 내가 어제 반납한 옷과 소지품을 돌려주며 집으로 돌아가라는 이야기를 전했다.

"집…. 집이예?"

그랬다. 그것은 바로 하나님의 치밀하고 은밀한 계획에 따라 이루어진 결정이었다. 아내가 찾아간 변호사가 마침 사건 담당검사의 전직 직속상관이었던 것이다. 그가 나를 보증하고 '3개월 내로 부도난 수표를 모두 회수한다'라는 조건으로 불구속 입건 처리가 된 것이다. 하나님께서는 세상도 6일에 걸쳐 창조하셨는데, 이 모든 일을 단 하루 만에 해결해주셨다. 단 하루의 인신 구금이었지만 얼마나 그리웠던 자유였던가! 이 기적을 실행하신 자는 과연 누구란 말인가?

"아! 이것이야말로 나에게 강한 믿음을 위해 주신 시련이구나!'

주님께서 나를 영원히 버리지 않으셨구나!

이런 주님을 증거하는 삶을 살아야지!"

그 순간 하나님께서 나의 인생 배추로 김치를 담그시려 한다는 사실을 깨달았다. 배추가 소금에 제대로 절여지지 않으면 양념도 제대로 입혀지지 않는 법이다. 스스로 순종하지 않으니 쓴맛을 제거하기 위해 소금에 절이고 돌로 물기를 빼내려 하시는 것이었다. 그렇게 생각하자 모든 것이 편해졌다. 주님의 뜻에 순종하리라 마음먹었다.

"아무리 IMF라 해도 5천만 원 이상 부도나고, 이렇게 풀려나는 건 처음 본다."라는 간수의 인사를 받으며 경찰서를 나왔다. 그리고 아내가 준비해 온 생두부를 간장 대신 눈물에 적셔 먹으며 집으로 향했다.

그렇게 집으로 돌아온 나는 수표를 회수하기 위하여 나름 애를 썼다.

하지만 채권자와의 합의는 쉽게 이뤄지지 않았다. 덧없이 시간은 흘러, 어느덧 검사와 약속한 '수표 회수 기한'도 끝나가고 있었다. 아니나 다를까. 검찰청에서 상황을 파악하기 위한 전화가 걸려왔다. 보이지 않는 올가미가 팔과 다리를 거쳐 서서히 목으로 죄여오는 느낌이었다. 숨도 쉴 수 없는 불안한 절망감이 찾아왔다. 지난 3개월 동안 문제를 해결하기 위해 그렇게 노력해 왔는데, 내 힘으로는 도저히 해결될 기미가 보이지 않았다. 또 다시 한숨이 나왔다. 그제서야 나는 다시 나의 전부를 내려놓아야 한다는 것을 깨달았다.

주님, 사람으로는 할 수 없는 일을 주께 간구하오니
저에게 용기를 주시고 이 시험을 견디게 하여
영원토록 주를 찬양하게 하소서.
저의 모든 걸 내려놓고 주님만 바라봅니다.
사채업자와 내게 원한을 품는 채권자의 마음을 움직여
이 절박함에서 벗어나게 도와주소서.

그리고 또 한 번의 믿을 수 없는 일이 일어났다. 대학 선배 분의 중재와 설득으로 사채업자에게 수표를 돌려받게 된 것이다. 나는 진심으로 그에게 용서를 구하고 평생에 거쳐 돈을 갚겠다는 약속을 했다. 그렇게 회수한 수표를 검찰청에 제시하고, '공소권 면제'라는 결정을 통보받았다.

그런데 이는 하나님이 나와 함께 하신다는 증거였다. 그분의 긍휼하심이 아니면 결코 일어날 수 없는 일이었다. 이 아둔한 죄인은 주님의 깊은 뜻을 그제야 눈치 챘다.

"아! 이것이야말로 나에게 진실한 믿음을 위해 주신 시련이구나!"

'나를 이렇게 거칠게 다루는 것은 죽이기 위함이 아니라, 어떻게든 살리기 위함'이라는 사실을 깨달은 것이다. 하나님은 그 긴 연단을 통해 내게 당신을 증거하라는 사도 바울의 사명을 말씀하고 계셨다. 내가 하나님으로부터 받은 긍휼과 은혜가 이리도 넓고 큰데 당연히 예수님의 영광을 위해 살아야 할 것이 아닌가! 하나님의 절대 주권을 인정하고 당신의 말씀에 대해 순종하며, 보고, 듣고, 느끼고, 경험한 모든 것을 선택받지 못한 이들에게 전해야 할 의무가 있다는 사실을 자각하게 하신 것이다.

"나 같은 죄인 살린 그 은혜 놀라워.
잃었던 생명 찾았고 광명을 얻었네."

이를 위해 주님은 나를 호되게 다루시되, 나의 신음과 부르짖음을 들으시고 고통의 광야에서도 '만나'와 '메추라기' 그리고 '불기둥'과 '구름기둥'을 잊지 않고 계셨다.

# 불같은 성격, 끝내 화를 부르다

대학을 졸업한 나는 힐튼호텔에 다니고 있었다. 그런데 어느 날 갑자기 한 친척이 사업을 함께 하자는 제의를 해왔다. 그는 어린 나이에 사업을 일으켜 10여 개의 중소 계열사를 가진 지방의 부호였다. 그런데 친형의 그늘에서 벗어나 독립적인 사업을 꿈꾸던 차에, 어느 일본 교포의 소개로 '인조대리석 욕조 사업'을 알게 된 것이다. 그는 한국의 건설경기 붐과 맞물려 괜찮겠다는 판단을 내렸다. 그는 호기 있는 나의 성격을 높이 사 사업 파트너로 지목한 것이다.

나는 원래 자존심도 세고 할 말은 하는 성격이라 타협을 잘 못하지만, '사람이 밥만 먹고 사는 게 아니다'라는 아버지의 말씀에 영향을 받아 '의리'와 '인간의 도리'를 중요시 여긴다. 하지만 매우 다혈질인 성격과, 불의를 보면 참지 못하는 기질 탓에 실수도 많이 하고 어려운 일도 많이 겪어야 했다. 오죽하면 어머니가 '손에 살이 들었으니 주먹을 함부로 쓰지 마라'라는 말씀을 하셨겠는가. 하지만 하나님을 만나기 전까지 나는 이런 성격이 참으로 남자답다고 생각했다.

나는 힐튼호텔 입사와 동시에 영업부 지배인으로 발령받았다. 그런데 당시 나의 신혼집이 외곽에 있었기 때문에 별일 없으면 눈치 보지 않고 제시간에 퇴근하곤 했다. 이 모습이 직속 상사인 부서장의 눈에 꽤 거슬렸던 모양이다. 게다가 나의 면접이야기가 퍼지면서 그는 더욱 나를 경계하기 시작했다. 내가 '빨간 구두에 회색 스트라이프 정장'의 다소 튀는 차림이었으며, 엉뚱한 말로 면접원들의 관심을 끌었다는 이야기를 들은 것이다. 사실 나의 꿈은 넓은 세상을 누비고 다니는 로비스트였다. 그래서 면접을 볼 때도 로비스트가 되고 싶다는 포부를 거침없이 밝혔었다.

"지는 예, 국제적인 비즈니스맨이나 로비스트가 되는 기 꿈입니더. 로비스트가 될라모 아무래도 큰 무대에서 놀아야 될 거 아입니꺼. 그래서 직장 중에 로비가 제일 큰 데를 찾다 보잉께 역시 호텔만한 데가 없다 아입니꺼. 지는예, 아늑한 객실보다 훤한 로비가 더 좋심더. 사람 마이 왔다 갔다 하는 로비 말입니더."

입사 후 우리는 최대한 서로 부딪히는 일을 만들지 않으려고 노력하며 하루하루를 보냈다. 그러던 어느 날, 부서장과 단둘이 차를 타고 외부로 나갈 일이 생겼다. 어색한 분위기 속에서 한참 가고 있는데 불쑥 부서장이 입을 열었다.

"심동철이, 네가 요새 나를 씹고 다닌다며?"

심장이 쿵 하고 내려앉았다. 사실 샐러리맨들의 스트레스 해소법이 뭐 특별할 게 있겠는가. 퇴근길 넥타이 느슨하게 풀고 동료들과 어깨를 맞대고 둘러앉아, 상사 흉을 안주 삼아 쓴 소주 한 잔 들이켜는 게 전부다. 하지만 당시 그의 파워는 막강했다. 그의 눈에 어긋나면 전출대상 1호라는 말이 공공연히 나돌 정도였다. 그런데 밀폐된 자동차 안에서 당사자에게 그런 말을 들으니 마치 테러를 당한 기분이 들었다. 시간이 멈춘 듯 어색한 긴장이 이어졌다.

"아이고, 부서장님요. 아니 회식자리에서 부서장님을 안주로 해야 흥이 겨운 것 아입니꺼? 그런 거 어디서 주워듣고 신경 쓰믄 큰 그릇 못됩니더이."

"…."

그 후로 그는 나와 단둘이 있는 시간을 만들지 않았다. 내가 좋아하는 고사성어 중에 절영지회(絶纓之會)라는 말이 있다. '갓끈을 자른 연회'로 더 유명한 삼국지의 고사다.


어느 날 밤, 장왕(莊王)은 여러 신하와 연회를 벌였다. 밤이 깊어지고 술에 취해 흥이 오르자 장왕이 말했다.

"오늘 밤은 누구도 신경 쓰지 말고 맘껏 놀아보자."

장왕은 연회장의 불까지 껐다. 그런데 이 어둠을 틈타 왕의 애첩에게 장난한 자가 있었다. 애첩은 그의 갓끈을 끊은 다음 왕에게 호소했다.

"빨리 불을 켜서 갓끈이 없는 자를 잡아주세요."

하지만 장왕은 애첩의 호소를 묵살하고 모두에게 갓끈을 떼어 버리라고 명했다. 3년 후 진(秦)나라와 전쟁이 벌어졌는데, 진군에 패한 장왕의 목숨이 위급해졌다. 그런데 장웅(蔣雄)이란 장수가 목숨을 내던져 장왕을 구해냈다. 왕은 장웅의 행동을 이해할 수 없었다. 목숨을 살려준 것은 고마운 일이지만 자신의 목숨까지 내던질 사이는 아니었던 것이다.

"내가 평소에 그대를 특별히 우대한 것도 아닌데, 어째서 그토록 죽기를 무릅쓰고 싸웠는가?”

그러자 장웅이 엎드려 대답했다.

“폐하. 저는 이미 죽은 목숨이었습니다. 3년 전에 갓끈을 뜯겼던 것은 바로 저였습니다. 그때 폐하의 온정으로 살아날 수 있었으니, 그 뒤로는 목숨을 바쳐 폐하의 은혜에 보답하려 했을 뿐입니다.”


장왕의 넓은 도량이 자신의 목숨을 살렸을 뿐 아니라 초(楚)나라를 위기에서 구한 것이다. ‘남자는 자신을 믿어주는 사람에게 목숨도 바친다’라는 말이 있다. 부하든 상사든 남편이든 아내든 상대가 그 누구라도 상관없다. 실수를 눈감아주고 넓은 아량으로 포용하면 상대방은 이에 감격하여 결국 그 이상으로 보답하게 된다. 이는 ‘그 사람 안에 나를 심는 행위’와 같은 것이다.

하지만 나는 당시 부서장이 상대방을 포용할 능력이 없는 사람이라고 생각했다. 솔직히 말해서 나를 담을 그릇이 아니라는 생각도 들었다. 나의 오만방자한 생각과 성격 탓에 상사와의 눈에 보이지 않는 갈등의 골은 점점 깊어가고 있었다. 그런데 마침 ‘국가안전기획부 해외정보파트’의 채용 공고를 봤다. 일명 ‘안기부’ 말이다. 넓디넓은 황량한 벌판을 자유로이 뛰노는 야생마처럼 더 넓은 세상에서 국가와 민족을 위해 큰일을 하고 싶었다.

가뜩이나 여성적인 성향이 강한 호텔 일이 체질에 맞지 않는데다가, 사수와 관계까지 어긋나니 업무에 회의가 들던 차였다. 매일 다양한 사람을 만나고 물건을 파는 세일즈는 좋았지만, 아무리 생각해도 남성적인 피가 철철 넘치는 야생마 같은 나와는 맞지 않는 공간이라는 생각이었다. 그런 상황에 채용 공고를 봤으니 망설일 이유가 없었다. 자신 있게 시험에 응시했다. 그런데 결과는 낙방이었다. 신원조회에서 문제가 생긴 것이다. 처가 쪽에 여수반란사건에 연루된 사람이 있었던 모양이었다. 나도, 아내도 몰랐던 사실이었다. 지금이야 영부인의 집안 내력도 문제가 안 되지만, 당시만 해도 '연좌제'의 잣대는 엄격했다. 부모의 과거 행적이나 이념 때문에 자녀의 입영이나 해외여행, 취업에서 불이익을 당하는 경우가 종종 있었다. 내 뜻과는 무관한 상황으로 제대로 된 날개를 펼쳐보지도 못하다니 허탈했다. 아무도 모르는 나의 작은 반란은 허무하게 끝이 났다.

그러던 어느 날, 1년에 400여 객실을 이용하는 VIP 고객사의 항의 전화를 받았다. 고객사에는 객실 예약부의 불량한 태도를 문제 삼으며 '힐튼호텔과의 거래를 중단하겠다'라는 폭탄선언을 했다. 그녀는 평소에도 동료들을 무시하고 안하무인으로 행동하여 사람들에게 불쾌감을 주는 것으로 유명했다. 게다가 '낙하산이다, 스위스에서 호텔학교를 나왔다, 아버지가 독일 한국지사의 회장이다, 김 회장님과 먼 친인척 관계다'라는 전설 같은 소문의 주인공이기도 했다. 나는 그 여직원을 찾아 예약실로 갔다. 과연 소문대로였다. 그녀가 호텔 객실 상품에 대한 지식을 완전히 숙지하지 못해서 문제가 생겼는데, 자신의 말이 맞는다고 우긴 것이다. 아무리 VIP라지만 호텔 직원보다 호텔 사정을 더 잘 알겠느냐는 논리였다. 그래, 살다보면 이런 실수도 할 수 있고 저런 잘못도 할 수 있다. 그런게 사람이다.

그런데 문제는 그녀의 태도였다. 전혀 자신의 실수를 인정하지 않고 오히려 목소리를 높이며 자신이 알아서 하겠다는 것이다. 객실예약이면 호텔 이미지 관리의 핵심인데, 이대로 두었다가는 정말 큰일 나지 싶었다. 보병인 내가 밖에서 열심히 고기를 몰아왔는데, 뜰채를 든 사람이 돌멩이를 던져 고기를 쫓아서야 되겠는가 말이다. 그런데 몇 마디 말이 오가기도 전에 그녀의 음성이 소프라노 톤으로 높아졌다.

"무슨 인간이⋯. 어떤 교육을 받았기에 이따위야!"

그 말을 듣자 나는 끓어오르는 화를 참을 수 없었다. 불같은 성격에 나도 모르게 그만 그녀의 뺨을 한 대 치고 말았다. 그동안 쌓인 스트레스가 일순간 폭발한 것이다. 당시 내 생활은 말이 아니었다. 아내는 출산을 위해 친정으로 내려갔고 나는 홀로 고시원에서 생활하고 있었다. 그런데다 상사와의 갈등은 날로 깊어져 가고, 그렇게 바라던 시험해서도 떨어진 것이다. 뭐 하나 제대로 되는 일이 없었다. 그 화가 엉뚱한 곳에서 터져버렸다. 곧바로 정신을 차린 나는 그녀에게 사과를 하고 돌아섰다. 나는 이 사건으로 3개월 감봉이라는 징계를 받았다.


그런데 친척이 내게 사업을 제시한 시기는 MBA 졸업 논문으로 대리로 막 진급될 무렵이었다. 호텔 생활 5년여 만에 드디어 능력을 인정받는 시기였던 것이다. 나는 편안한 호텔 생활의 낭만과 여유 그리고 품격을 버리고 맨땅에 헤딩하는 것이 두려웠다.

쉽게 결단을 내리지 못하자 친척은 나를 부산으로 불러 내렸다. 그는 나를 만나자마자, 청산유수처럼 말을 쏟아내기 시작했다. 그리고 손수 짠 장미빛 사업 설계와 나를 위한 초특급 출세 시나리오를 들려주었다. 그럼에도 불구하고 나는 여전히 결정을 내리지 못했다. 흐느적거리는 육신과 혼미한 정신으로 서울로 돌아왔다. 그런데 이번에는 아내의 설득이 시작됐다. 남자로 태어나 사업 한 번 해봐야 하지 않겠느냐며 이보다 좋은 기회도 없다는 이야기였다.

그러던 중 대우그룹의 김우중 회장의 「세계는 넓고 할 일은 많다」라는 책을 읽고 세상 밖이 궁금해지기 시작했다. 힘겹게 배운 경영전문대학원(MBA)에서 배운 경영이론을 실천해보고픈 욕구도 일었다. 아내의 응원도 있었다. 거칠 것 없이 모든 조건이 맞아떨어졌다. 제대로만 하면 대박이 날 것이라는 생각이 들자, 융성했던 가문의 영광을 내 손으로 되찾으리라는 각오도 생겼다. 그렇게 나의 첫 사업 도전은 배추가 김치 공장의 컨베이어 벨트에 올라간 것처럼 일사천리로 진행되었다.


## 그럼 자네가 해보지?


나는 그가 새로 설립한 '빅파인'이라는 회사에서 한 달여의 연수를 받은 후, 1명의 여직원과 함께 서울 강남에 영업사무소를 차렸다. 보증금 3백만 원의 사무실이었다. 소파와 책상 2개, 전화와 팩스 그리고 커다란 인조 대리석 회색욕조 1개가 전 재산이었다. 월급은 기존 급여의 50퍼센트 정도였지만, 아무런 문제가 되지 않았다. 이 산만 넘으면 장미빛 미래가 있다는데 그깟 푼돈에 욕심 낼 이유가 없었다. 욕조 사진과 샘플 칩과 카탈로그를 들고 논현동과 을지로의 건자재 사무실을 누볐다. 그러나 단 한 건의 계약도 따지 못했다. 한마디로 실적제로! 이유는 간단했다.

'빅파인'이란 브랜드의 인지도가 없는 것도 문제였지만, 더 큰 문제는 욕조의 규격에 있었다. 시중의 욕조는 평균 150X70센티미터였는데, 우리 제품은 180X80센티미터를 웃돌았다. 게다가 아파트 납품은 다른 제품보다 10배나 비쌌고, 초기 생산 제품 자체도 불량이 많았다. 친척은 형에게서 독립한다는 설렘과 할 수 있다는 혈기 하나만 믿고 사업을 시작한 것이다. 충분한 판로와 가격 경쟁력 등에 대한 사전조사나 판단력도 부족했다. 결국 우리는 1년 반 만에 그의 형에게 받은 창업자금 10억여 원을 고스란히 날리는 실패를 맛봐야 했다. 그는 충격을 이기지 못하고 허리 디스크 수술까지 받았다.


나는 처음 시작하는 사업을 이렇게 쉽게 포기할 수는 없었다. 그리고 깊은 실의에 빠진 친척에게 용기와 희망을 주고 싶었다. 그러던 중 '인조 대리석 싱크대'라는 기가 막힌 생각이 떠올랐다. 얼마 전 아파트 모델하우스에서 주부들의 대화를 통해 생각한 아이템이었다. 홀로 남은 나는 열심히 머리를 굴리며 앞으로 사업의 전개 방향을 짰다. 며칠의 심사숙고 끝에 내 생애 최초의 사업계획서가 작성되었다. 나는 그것을 들고 급히 부산으로 내려갔다. 친척의 얼굴은 한 눈에 보기에도 수척해 있었다. 나는 안쓰러운 마음에 서둘러 사업계획의 요지를 설명했다. 그도 들으면 기뻐할 것이라는 확신이 있었던 것이다.

'현재의 인조대리석 욕조 제품으로는 시장을 만들어 내기가 어렵다. 지금 뜨는 시스템키친 시장으로의 방향 선회가 필요하다. 따라서 고부가가치 아이템인 인조대리석 싱크대 상판과 시스템키친 사업을 병행하면 승산이 있을 것이라고 확신한다.'

그런데 열의를 담은 나의 설명을 들은 그의 반응은 시큰둥했다.

"좋은 계획이군. 그러면 자네가 직접 해보지 그라노?"

"지가 무슨…. 능력도 없고 사업자금도 없이…."

"서울에 올라가 기다리소."

나는 부산에 내려와 그의 얼굴과 마주한 순간, 이런 결과를 예상했는지도 모른다. 그에게는 아무런 열정과 희망이 보이지 않았기 때문이다. 설상가상으로 그는 사업을 포기하고 미국으로 건너가겠다고 말했다. 잠시 휴양도 하고 자녀 공부도 봐주면서 시간을 가지고 새로운 사업을 구상하겠다는 것이다. 나는 착잡한 마음을 안고 서울로 돌아올 수밖에 없었다.


그로부터 며칠 후, 그는 형의 회사로 복귀한다며 사업을 정리했다. 내게 남은 것은 보증금 3백만 원과 팩스 그리고 전화기가 전부였다. 멀쩡히 직장 잘 다니는 사람을 불러 운명을 같이하자고 할 때는 언제고, 이제 와 자기만 살겠다고 풍랑에 짐 버리듯 모든 것을 던져버리다니…. 앞이 캄캄했다.

아무것도 없는 드넓은 광야에 서 있는 느낌이었다. 나는 감히 한 걸음도 내디딜 생각을 하지 못했다. 그래, 아무리 광야의 길이 축복의 길이라지만, 여기에 무빙워크가 깔린 것도 아닌데…. 이렇게 가만히 앉아 있다고 지나갈 수 있는 길은 아니지 않은가! 나는 빠르게 머리를 움직였다.

내게는 후회와 원망을 늘어놓을 시간도 허락되지 않았다. 집에서 아이는 울어대고 수중의 돈은 별로 남지 않았다. 어떻게든 살기 위한 몸부림을 쳐야 했다. 당시 나의 믿음이 지금과 같았다면 모든 것을 하나님에게 맡기고 기도를 했을 것이다. 하지만 천둥벌거숭이 같았던 나는 여전히 스스로의 힘으로 모든 것을 해결하겠다는 생각을 하고 있었다. 내가 살기 위해서는 하나님을 붙잡아야 하는데, 당시만 해도 내게는 그런 믿음이 없었다. 입으로는 '하나님 도와주세요'라고 외치고 있었지만 나는 결코 주님의 도움을 받을 준비가 되어 있지 않았던 것이다. 눈 먼 사람이 지팡이 없이 길을 걸을 때, 무사히 목적지에 도착하려면 안내자를 향한 무한 신뢰가 있어야 한다. 안내자를 믿지 못하고 자신의 판단이 맞는다는 생각에 엉뚱하게 고집과 교만을 부리면 결국 길을 잃고 방황하게 되는 것이다. 하지만 당시만 해도 나는 하나님이라는 안내자를 백퍼센트 신뢰하지 못했던 듯하다. 나의 판단이 옳다는 생각을 버리지 못한 것을 보면 말이다.

나는 차분히 앉아 사업 계획을 다시 살펴보았다. 그리고 오랜 고민 끝에 몇 가지 결론을 내렸다.

첫째, 사업 자금이 필요했다. 초기 운영비용에 시스템키친 전시장을 꾸미려면 최소 5천만 원이 필요했다. 자금의 여력이 없으니 친척이 사용하던 '빅파인'이란 명칭은 그대로 쓰기로 했다.

둘째, 당장 시스템키친의 개념을 알아야 했다. 호텔리어가 부엌에 대해 뭘 안단 말인가? 구하면 얻을 것이요, 두드리면 열린다더니 그 말이 맞았다. 친척과 사업을 시작하며 안면을 튼 '백곰표 싱크대'의 김 과장에게 SOS를 쳤다. 나의 고민을 들은 그는 일본을 한 번 다녀오라는 조언을 남겼다.

셋째, 이 사업의 성패는 '홍보'에 달렸다. 실패를 되풀이하지 않으려면 단기간에 대대적인 홍보가 필요했다. 문제는 돈이었다.

그야말로 황무지에서 물을 길어 올려야 하는 상황이었다. 단지 그곳에 가면 오아시스가 있다는 직감으로 방향타를 잡았다. 나는 사업 자금을 마련하기 위해 다른 방법을 찾아야 했다. 마침 잡지를 통해 미니커피 자판기를 발견했다.


나는 곧바로 미니커피 자판기 영업을 시작했다. 호텔에서 2500여 명의 컨벤션 영업을 하던 내가 들고 다니기에는 창피했지만, 열심히 뛰었다. 체면이고 뭐고 생각할 겨를이 없었다.

그러던 어느 날, 남산에 있는 하얏트 호텔 로비에서 커피자판기 판촉 설명회를 벌였다. 그때 경영대학원의 은사님을 우연히 만났다. 창피한 생각에 쥐구멍에라도 숨고 싶었지만 나는 애써 태연한 모습을 보였다. 그러자 은사님은 '사업은 이렇게 시작하는 것이 맞다'라며 용기를 심어주셨다. 칭찬은 고래도 춤추게 한다고, 그 말에 힘을 얻은 나는 영업에 박차를 가했다. 그리고 마침내 옛 직장인 힐튼호텔 영업부를 찾았다. 멀쩡한 회사를 뛰쳐나가 자판기 영업자로 동료를 만나는 게 쉽지는 않았지만, 옛 동료가 아니라 집안의 원수라도 만나 자판기를 팔아야 했다. 그런데 남의 마음을 아는지 모르는지, 상사는 엉뚱한 제안을 했다.

VIP고객 회사 사장의 여비서 40명과 함께 팜 투어(농장체험)를 가질 예정인데 그 행사의 레크레이션 리더로 나서달라는 것이다. 원래 참가키로 한 개그맨이 일이 생겨 참석하지 못하게 된 모양이었다. 적당한 인물을 찾고 있던 차에 내가 나타난 것이었다. 1:40의 절대 쉽지 않은 대결이었지만 바로 승낙했다. 그리고 최선을 다해 행사를 치러냈다. 며칠 후 힐튼호텔에서 자판기를 5대나 구입하겠다는 연락이 왔다.

나는 그때까지만 해도 이 모든 기적이 나의 능력인줄 아는 철없는 어린 양에 불과했다.

# 걸레는 빨아도 행주가 안 된다는데…

6개월여의 자판기 판매를 통해 3백만 원의 창업자금을 모았다. 그 돈을 들고 나는 지체 없이 동경으로 날아갔다. 앞으로 시스템키친의 트렌드와 잠재적 시장 성장 규모 그리고 디자인을 배워야 했기 때문이다. 그런데 시장 규모가 상상을 초월했다. '싱크대가 뭐 별거 있어?'라는 생각을 단박에 날려버린 것은 1억 원짜리 시스템키친이었다. 보는 순간 입이 딱 벌어졌다. 이건 부엌이 아니라 호텔 룸이었다. 부엌에 그렇게까지 비싼 돈을 들인다는 것을 이해할 수 없었지만, 고부가가치 사업이라는 사실을 확인한 셈이었다.

행여 물 설고 낯선 곳에서 어려움을 겪을까 하나님은 내게 동경 유학생을 인도하셨다. 우연히 전시회장을 구경 온 유학생을 만난 것이다. 안 그래도 일어를 못해 불편함을 겪었는데, 그가 통역과 안내를 해주는 덕분에 시내 위치한 유명 시스템키친 매장을 전부 둘러볼 수 있었다. 생애 최초의 해외여행이자, 단 며칠간의 여행이었지만 다시 나를 일어서게 하는 큰 힘이 되었다.

일본에서 돌아온 나는 논현동 건축 자재 백화점 골목 쪽으로 사무실을 옮겼다. 가구라는 하드웨어에 나의 가장 큰 장점인 호텔 서비스 시스템을 곁들인다면 해볼 만한 게임이었다. 하지만 당장 공장을 세울 형편은 아니었다. 그렇다고 강남 한복판에 수억 원의 매장을 꾸밀 수도 없었다. 게릴라 영업 방식을 구사하기로 했다. 결정적으로 일본 전시장에서 카탈로그와 함께 비치된 '상담용 주문 양식'을 봤던 것이다. 이를 바탕으로 소비자의 잠재적 욕구를 디자인으로 연출해 낼 수 있는 서비스 시스템을 개발해 나갔다. 어느새 나는 '빅파인 부엌가구'의 방향을 '한국형 주문 부엌가구'라고 정의하고 있었다.

흔히들 사업 초기에 가장 필요한 조건으로 자금과 조직을 꼽는다. 물론 맞는 말이다. 하지만 이보다 더 중요한 것이 있다. 바로 아이디어와 신념 그리고 체력이다. 초창기 적절히 불우한 환경은 내게 새로운 사업에 대한 영감과 함께 기필코 스스로 문제를 해결해야 한다는 투지를 심어주었다. 나는 마치 정주영이 쌀장사로, 김우중이 와이셔츠 장사로 처음 사업을 시작할 때와 같은 각오로 부엌가구 사업에 임하고 있었다.


방향이 결정되자 뒤돌아볼 시간이 없었다. 어떻게든 제대로 된 사업을 해보려고 정신없이 내달렸다. 한편으로는 친척이 중도에 포기한 인조대리석 '싱크대 볼(sink bowl:설거지통)' 개발 및 판매에도 주력했다. 설거지통이 큰 '빅파인 인조대리석 싱크 볼' 역시 아파트 모델하우스에서 주부들의 이야기를 듣다가 개발한 것이다. 사업가는 무엇이든 가볍게 흘려보내면 안 된다. 아이디어를 조금만 가공해도 돈이 되기 때문이다. 사실 이 물건은 친척의 욕조를 1/10로 줄여, 욕실에서 부엌으로 옮겨 놓은 나의 발명품이기도 했다.

모든 준비가 끝나자 나는 두려움이 없어졌다. '쓰러진 자 망할까 두렵지 않고, 낮춘 자 거만할까 두렵지 않다'라는 말처럼 하나님 안에서는 그 어떠한 것도 실패하지 않으리라 믿었다. 그 순간만큼은 '네가 어디를 가든지 함께 하시겠다는 약속, 너희 발바닥으로 밟는 땅을 모두 주시겠다는 약속'을 믿어 의심치 않았다. 그리고 하나님께서 새로운 세상과 도전을 절대 두려워하지 않는 강하고 담대한 마음을 주시리라 생각했다.

두려워하지 말라 내가 너와 함께 함이라 (이사야 41:10)

나는 가벼운 발걸음으로 경쟁사 수입제품의 절반 가격인 '빅파인 인조 대리석 싱크 볼' 샘플을 자가용 트렁크에 실었다. 브랜드가 중요한 가구 시장에서 개인에게 판매하기보다는 공사현장에 납품하여 대량 수주를 확보하는 게 나을 것 같았다. 얼마 후, 일전에 일본을 다녀오라는 조언을 했던 '백곰표 싱크대' 김 과장과 임원진의 도움으로 부산에 있는 1200세대의 아파트에 납품을 하게 되었다. 2억에 가까운 오더였다. 역시 하나님은 나를 지키시고 동행하고 계셨다.

첫 오더를 받아든 나는 서둘러 친척을 찾았다. 비록 나와는 피 한 방울 안 섞인 처가 쪽 친척일지라도 혈육 아니던가. 힘들어하는 그를 모르는 척 할 수가 없었다. 나의 설명을 들은 그는 강한 재기의 의욕을 보였다. 다시 일어서려는 친척의 모습만으로도 나는 배가 불렀다. 내가 그를 믿는 만큼 그 역시 나를 믿는다고 생각했다. 형제 같은 사이에 무슨 계약서가 필요할까 싶었다. 어련히 알아서 잘 계산해 줄까 싶은 생각에 계약서도 없이 일을 진행했다. 그것이 결정적인 실수였다.

얼마 지나지 않아 계약금이 입금됐다. 친척과 공장은 부산에 있었다. 싱크대를 만들어야 하는 사람은 내가 아니라 친척이었다. 나는 1원 한 장 손대지 않고 그에게 보냈다. 중도금도 마찬가지였다. 내가 한 때 모신 보스가 '얼마나 어려울까' 하는 안타까운 마음에 내 어려운 형편은 뒤로했다. 그런데 1억 8천5백만 원의 공사대금이 보내졌음에도 불구하고 내게 돌아오는 것은 하나도 없었다.

마지막 공사대금 2천5백만 원이 들어왔다. 나도 아이와 아내가 있는 가장이었다. 우리도 먹고는 살아야 할 것 아닌가. 이는 당연히 나의 몫이라는 생각이 들어 나는 공사대금을 부산으로 보내지 않았다. 그런데 부산에서 연락이 왔다. 자금 사정이 풀리면 차후 정산해서 보내 주겠으니 그 돈을 부치라는 것이다. 어머니의 영향으로 나는 평소 '하나를 받으면 열 개를 주는 성격'이었다. 더 주면 줬지 더 받으려 하지 않는다. 그럼에도 불구하고 '이건 아닌데'라는 생각이 들었다. 그제야 계약서를 쓰지 않은 것에 대한 후회가 밀려왔다.

통화를 마친 나는 깊은 고민에 빠졌다. 인간관계의 근본인 예의와 도리조차 지키지 않는 그에게 너무 많은 기대를 하는 것은 아닌지, 회의가 들었다. 혹시 나를 단순한 돈벌이 수단으로 이용하는 것은 아닌지 의심스러웠다. 사람을 이렇게 의심하는 나 자신이 싫어 아내에게 조언을 구했다. 그런데 그의 절대적 지지자였던 아내마저도 친척이 의롭지 못하다는 말을 했다. 결국 나는 마지막 공사대금을 보내지 않았다.

얼마 후, 그에게 '왜 입금을 하지 않느냐'라는 전화가 왔다. 나는 지난 수개월 아니 몇 년간의 내 노력과 희생의 대가라고 생각한다며, 송금하지 않겠다는 의사를 분명하게 표시했다. 그러자 그가 격분하기 시작했다. "호텔에서 출세도 못하는 놈을 구해주었더니, 그 은혜도 모르고 이제 와 자기 발뒤꿈치를 문다"라는 것이다. 그의 말은 1년 전에 버림받았을 때보다 더 큰 상처로 남았다. 사람이 금수(禽獸)보다 나은 이유는 말을 할 수 있기 때문이다. 하지만 그 말을 바르게 사용하지 못한다면 미천한 짐승보다 나을게 무엇이겠는가. 어찌하여 형제의 눈 속에 있는 티는 보고 자신의 눈 속에 있는 들보는 보지 못하는지 안타까운 마음을 금할 수 없었다. 너무나 믿었던 사람이기에 실망도 클 수밖에 없었다.

하나님은 일곱 번 아니 일흔 번이라도 용서하라고 하셨지만, 나는 나약한 인간에 불과했다. 세상에서 가장 먼 거리에 있는 것이 머리와 마음이라더니 내가 바로 그 짝이었다. 머리로는 하나님과 성경 말씀 그리고 설교를 통해 그를 용서하려고 노력했지만, 나의 마음이 이를 허락하지 않았다. 그러던 어느 날, 결국 나는 성경에서 스데반의 이야기를 보고 알았다. 그리고 용서조차도 성령의 힘을 빌어야 가능하다는 사실을 깨달았다. 나는 다시 한 번 내가 그를 용서할 수 있도록 도와달라는 기도를 드렸다.

그들이 돌로 스데반을 치니 스데반이 부르짖어 이르되 주 예수여 내 영혼을 받으시옵소서 하고 무릎을 꿇고 크게 불러 이르되 주여 이 죄를 그들에게 돌리지 마옵소서 (사도행전 7:59~60)

그제야 나는 얼마 되지도 않는 돈 때문에 괜히 그에게 고통을 줬나 싶은 자책감에 시달렸다. 그렇게 상처를 주고받은 우리는 단절되고 말았다.

친척과의 관계가 끝났다고 해서 내 사업도 끝난 것은 아니었다. 다행스럽게도 얼마 지나지 않아 나는 다른 수주를 받게 되었다. 그런데 친척이 없으니 이제는 내가 싱크대를 제작해야 할 형편이었다. 제품의 단가를 산출해 보니, 제작과 시공비를 다 합쳐도 개당 7만 원이 넘지 않았다. 처음부터 내가 OEM(주문자 상표 부착생산)생산을 했다면 아무런 마음고생 없이 40~50퍼센트 이상의 고수익을 누릴 수 있다는 얘기였다. 허탈감이 밀려왔다. 그는 내게 돈과 시간뿐 아니라 자존심과 명예까지 앗아간 것이다.

그리고 몇 달 후, 사업상 정리할 문제가 생겨 피치 못하게 그와 마주하게 되었다. 그런데 그는 여전히 화가 나 있는 상태였다. 100미터 밖에서 봐도 친척의 분노를 느낄 수 있었다. 적반하장이라더니 누가 누구에게 화를 내어야 하는지 이해가 되지 않았다. 그는 끝까지 독기어린 시선을 거두지 않았다.

"걸레는 빨아도 걸레라더니. 넌 할 수 없어. 걸레는 빨아도 행주가 될 수 없는 거야!"

오랜 시간 나를 괴롭혔던 그에 대한 자책감은 순식간에 참을 수 없는 증오와 분노로 변했다. 분노가 내 마음을 점령하지 않도록 힘을 달라고 기도했지만 소용없었다. 그에 대한 미움이 역으로 돌아와 내 자신을 상처내고 있다는 사실을 알면서도 그를 향한 분노를 멈출 수가 없었다. 한마디로, 피는 물보다 탁했다.



그를 진정으로 용서한 것은 그로부터 매우 오랜 시간이 흐른 후였다. 그는 온실의 묘판에서 자란 배추의 어린싹과 같은 나를 거친 들에다 옮겨 심었다. 덕분에 나는 어지간한 비바람에도 끄떡없는 잡초가 될 수 있었다. 아마 그와 손을 잡지 않았더라면 나는 여전히 안락한 환경에서 편히 지냈으리라. 내리쬐는 따가운 햇살과 거친 비바람은 물론 이슬과 서리도 맞지 않아 작은 병충해에도 쓰러지는 유약한 배추가 되고 말았을 것이다. 야물지 못하고 깊은 맛이 없는 배추가 되어 결국 '겉절이 인생'이 되었을지도 모를 일이다.



더불어 더 많은 시간이 흐른 후에야 나는 이 모든 과정이 깊은 맛의 배추로 성장케 하기 위한 하나님의 치밀한 계획이셨음을 깨달았다.

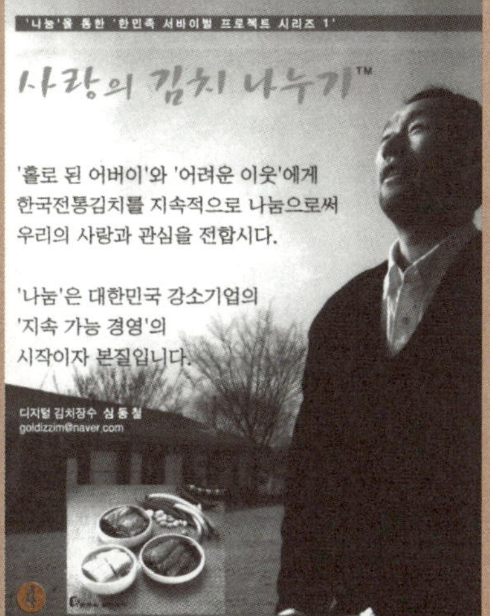

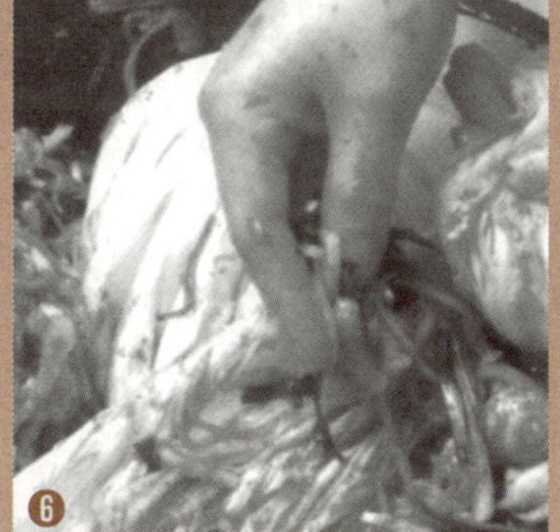

① 실의를 떨쳐버린 나무처럼   ② 「9800여명의 조선족에게 복음을 전한 전도자, 우리 형」
③ 가족사진 「아내와 나, 민화와 수지」   ④ 기도하는 마음으로 사랑의 김치를 나눈다
⑤ 결국 세상에 드러난 「인생김치」   ⑥ 버무림 손맛 – 인생도 마찬가지

# Chapter 2

# 배추가 소금에 절여지지 않으면,
# 제대로 된 양념을 입힐 수 없다

# 11시 30분 법원에서 만납시다

**결코** 사업과 무관하다고는 할 수 없지만 당시의 나는 밀려드는 허무와 후회로 하루하루를 힘겹게 버티고 있었다. 심적 공허함이 어찌나 큰지 작은 바람에도 나의 마음은 부서질 지경이었다. 그러던 어느 날, 아내와 말다툼이 시작됐다. 사소한 말다툼으로 시작된 싸움이었지만 어느새 우리는 서로에게 분노를 쏟아내느라 이성을 잃을 지경에 이르렀다. 이대로 가다가는 분명 내가 일을 내지 싶었다. 간신히 이성을 찾은 나는 아내에게 '이제 그만 하자'라며 싸움을 끝낼 것을 종용했지만, 그녀는 참을 만큼 참았다며 멈추려 하지 않았다.

물론 아내는 자신의 힘겨움을 몰라주고 술까지 먹고 늦게 들어온 남편이 야속했을 것이다. 하지만 나도 새로운 사업을 준비면서 친척에게 받은 배신의 상처까지 치유하느라 누굴 돌볼 여유가 없었다. 무책임한 말이지만 내 몸 하나 가누기도 어려운 현실이었다.

홧김에 술을 마시고 부인을 칼로 살해한 남편의 이야기를 접했을 때 참담함을 느낀 게 엊그제였다. 그런데 아내가 일방적으로 몰아붙이자 나도 모르게 그만 손이 올라가고 말았다. 어찌나 세게 때렸던지 아내의 고막이 터지는 불상사가 발생했다.

"이제 하다하다 손찌검까지 하나! 못 났데이. 진짜 못 났데이. 내는 이래 못산다. 이혼합시다!"

'아! 한심한 놈!'

나는 내 자신이 한심스러워 속으로 자책하고 있었다. 불같은 성질이 기어코 일을 낸 것이다. 후회해도 소용없었다. 아내는 대뜸 종이를 들고 왔다. 그녀는 내일 법원 정문에서 11시 30분에 만나자는 각서를 쓰고 사인할 것을 요구했다. 모든 문제가 '그 순간의 분노를 참지 못해서' 일어나는 일임을 그 누구보다 잘 알고 있음에도 불구하고, 순간의 화를 참지 못해 또 다시 함정에 빠진 것이다.

용서를 빌어야 마땅했지만 쓸데없는 자존심이 허락지 않았다. 분명 그 자리에서 용서를 구하면 향후 싸움을 할 때마다 큰 약점으로 작용할 것도 걱정이 되었다. 아내는 두고두고 '남자답지 못하다' 라며 놀릴 게 분명했다. 태종대 앞바다를 누리는 고래같이 기 쌘 그녀를 겨우 지금까지 끌고 왔는데 이렇게 끝낼 순 없었다. 머리를 굴렸다.

"그 각서 다시 줘봐라."

"와? 찢을라고?"

"찢긴 내가 와 찢노? 확인할 게 있어 그란다. 퍼뜩 줘봐라."

나는 '11.30' 이라고 적힌 시간 앞에 'p.m.' 이라는 두 글자를 추가했다.

"그걸 와 넣는데?"

"대학 나왔다는 여자가 그 간단한 영어 뜻도 모르나?"

"…. 됐어!"

평소 영어에 관심이 없던 아내는 'p.m.' 이 오후 11시 30분을 의미한다는 사실에 유념하지 않았다.

다음날 아침 나는 사무실 여직원에게 집에서 전화가 오면 '외출하고 없다'라고 일러두었다. 아니나 다를까. 오전 11시 40분이 넘어가니 연방 전화벨이 울려댔다. 하지만 아내는 '자리에 안 계시다'는 여직원의 말만 들어야 했다. 긴 하루가 끝나가고 있었다. 그날 밤, 나는 새벽 1시경 집으로 귀가했다. 초인종을 누르는 순간부터 아내의 속사포 같은 잔소리가 이어졌지만 아무 대꾸도 하지 않고 거실로 들어갔다.

"와 안 왔어예? 도대체 뭐하느라 안 나왔느냔 말입니더!"

"뭔 소리 하노? 여태 법원 정문에서 당신 기다리다 들어오는데 뭔 소리 하냔 말이다."

"이 양반이 지금 장난하나…. 내가 아침 11시 20분부터 1시간이 넘도록 기다리다가 당신이 오지 않아서 지금까지 집에서 기다리고 있었고마…. 당신이야 말로 뭐라카노?"

"내는 각서에 적힌 대로 약속을 이행했다. 당신이 좋아하는 그 문서로 말이다. 각서 가져와봐라! …. 봐라. 여기 p.m.이라고 분명히 적혀있다 아이가. 당신 이게 무슨 말인지 모르나?"

"…."

나는 인생의 항해 중에 만난 위험한 빙산을 피해 나간 지혜로운 선장처럼 그녀가 영어에 무관심한 특성(?)을 응용해 '사랑의 타이타닉 호'가 침몰하는 위기를 모면하였다.

하지만 그때 그런 실수를 한 것에 대해 두고두고 미안한 마음을 피할 길이 없다.

물론 어떤 상황에서도 폭력은 정당화될 수는 없다. 그리고 지금이라면 아무리 화가 나더라도 아내에게 상처 주는 일을 하지 않을 것이다. 하지만 당시의 나는 믿음도 부족했고, 내가 아닌 타인을 배려하는 마음도 절대적으로 부족했다. '여자를 때린 한심한 놈이 뭔 말이 그리 많나' 라고 생각할지도 모르지만, 나는 대한민국의 아내들에게 꼭 하고 싶은 말이 있다.

세상에서 대한민국 남편들만큼 불쌍한 사람도 없을 것이다. 그러니 이 땅의 아내들은 바람 빠진 풍선처럼 축 처진 그네들의 어깨에 힘을 실어줘야 한다. 급격히 바뀐 생태환경에 적응하지 못해 쩔쩔매고 있는 남편들을 계속 몰아붙이면, 그네들이 선택할 길은 그리 많지 않기 때문이다. 성공한 남자의 뒤에는 대부분 어머니나 아내의 헌신과 인내, 눈물 어린 격려가 있었다. 일본 강점기 시절, 백범 김구 선생 같은 독립군 아내들만 만주로 남편을 떠나보내지는 않았을 것이다. 그 시절 조선의 어머니들은 다 그리했을 것이란 얘기다. 그러니 21세기를 사는 대한민국의 아내들도 남편을 떠나 보낼 줄 알아야 한다. 지지리도 못나 보이는 그 남편을 주님께로, 그리고 '그분의 때'가 올 때까지 기다려 줘야 한다. 그렇게 할 수 없으면 차라리 한동안 '죽었다고 생각하고 마음에 묻는 게' 낫다. 아무리 못난 남편이라도 없는 것보다는 있는 게 나을 것 아닌가!


그렇게 '사랑의 타이타닉 호'가 침몰하는 위기를 모면한 나는 본격적인 사업 구상에 돌입했다. 진짜 홀로서기가 시작된 것이다. '한국형 주문 부엌가구'라는 타이틀 외에는 아무것도 없는 현실이었다. 자동차는 있는데 기름이 없어 차를 몰지 못하는 형국이라고 할까? 돌파구를 찾기 위해서 깊은 고민에 빠진 어느 날, 불현듯 '과부의 기름 한 병'이 생각났다. 엘리사의 생도 아내가 기름 한 병으로 빚을 청산하고 두 아들도 빼앗기지 않는 역사를 체험하지 않았던가!



어찌 보면 아주 보잘것없지만, 과부에게는 전 재산과 마찬가지인 기름 한 병. '기름을 부으라'는 말씀에 순종하니 기름이 넘쳐나는 기적을 경험한 것이다. 그들은 헌신과 순종 그리고 믿음으로 기름을 부었고 결국 그로 인해 빚도 갚고 양식도 구할 수 있었던 것이다. 그래, 변변한 전시장은커녕 광고할 자금도 없는 현실이지만, 내게는 가족과 건강한 몸 그리고 무엇보다 하나님의 일방적 은혜로 받은 '구원의 믿음'이 있지 않은가! 대학교육도 제대로 받았고 남과 다른 아이디어도 있는데 왜 해답을 찾지 못하는가. 오히려 너무 많아서 고민인 것인가? 나는 그저 하나님께 모든 것을 바치고, 그저 순종하면 되는 것이었다. 비로소 머릿속이 맑아지는 느낌이 들었다. 맞다! 틈생! 틈생이 있었지! 그제야 나는 힐튼호텔 시절의 일화가 하나 떠올랐다.

'틈생'을 아십니까?

힐튼호텔 시절, 홍보부 대리로 일할 때의 일이다. 나는 당시 외국으로 공부를 하러간 홍보부장이 복귀하면서 연회부에서 홍보부 대리로 진급을 하게 되었다. 입사 동기들은 보통 2년 6개월 만에 승진하였지만, 여직원 폭행 사건의 여파로 인해 입사 4년 6개월 만의 승진이었다.

그러던 어느 날, H신문에서 '힐튼호텔 사우나에서 대장균이 검출되었다'라는 보도가 나왔다. 마침 홍보부로 옮긴 지 얼마 되지 않아 업무 파악조차 제대로 안 된 시기였다. 이미지를 생명으로 여기는 호텔에서는 꽤 큰 사건이 아닐 수 없었다. 하지만 누가 언론사를 상대로 대항한단 말인가. 게다가 당시 H신문에서는 사회정의구현과 허례허식 일소 운동을 벌이고 있었던 차였다. 우리는 어떻게 하면 H신문과의 관계를 개선할 수 있을지 고민했다. 그런데 마침 'H신문 1주년 기념행사'가 있다는 정보를 입수했다. 천우신조라는 생각이 들었다. 업무 회의 중 내가 입을 열었다.

"어차피 홍보실로 발령도 받았으니, 인사도 드릴 겸 지가 한번 찾아 뵙겠습니더."

"지금 불난 집에 부채질하겠다는 겁니까? 거기 접대 받는 거 안 좋아하는 거 몰라요?"

다른 호텔들도 H신문이라면 슬슬 피한다는 것이다.

"그럼 더 좋지요. 이거야말로 독점적 기회 아니겠습니까? 5단 축하 케이크 하나만 만들어 주이소. 글믄 지가 사회부장님을 만나서 해결하고 오겠습니더."

하지만 상사는 '안 된다'는 대답만 내놓았다. 괜히 나서서 벌집을 건드릴 수 있다는 얘기였다. 관계를 더 악화시키면 정말 큰일이라며 사태가 진정될 때까지 기다리자는 것이다. 하지만 나는 기어코 홍보부장을 설득시켜 케이크 하나를 손에 쥐었다.

"함 믿어 보이소."


영 못 미더워 하는 표정의 그녀를 뒤로하고 나는 택시에 올랐다. 당시 구로동에 있는 H신문사의 사옥은 소문대로 매우 검소해 보였다. 2층 사회부로 찾아갔다. 마침 마감 시간이라 사무실은 그야말로 전쟁터를 방불케 했다. 잠시 꿔다놓은 보릿자루처럼 서 있던 나는 '사회부장'이란 팻말이 붙어 있는 책상을 발견했다. 잠시 호흡을 가다듬고 그 자리로 다가갔다. 하지만 그 역시 기사를 확인하느라 누가 왔는지도 모를 만큼 정신이 없었다.

"실례합니더이. 혹시 사회부장님 맞습니까?"

"…"

하지만 그는 고개를 들어 힐끗 한 번 바라보더니 가타부타 말이 없었다. 그 정도야 각오했던 터였다.

"아이고마, 제대로 찾아 왔네예. 무거워서 혼났네. 지는예. 힐튼호텔에서 온 심동철입니더. 오늘이 1주년이라 캐서 축하케끄 하나 가지고 왔심더. 어따 두고 가몬 됩니꺼?"

넉살좋게 이야기는 풀어내고 있었지만 나도 결코 편한 자리는 아니었다. 초대받지 못한 자리, 환영받지 못한 손님일 줄 알면서 찾아간 길 아니겠는가. 그는 잠시 나의 얼굴과 내 손에 들린 케이크 상자를 번갈아 봤다.

"우린 그런 거 받습니다. 가져가세요."

사실 그렇게 큰 기대를 하고 온 것은 아니었지만, 막막한 상황에 한숨이 터져 나오는 것은 어쩔 수 없었다. 케이크를 만들어 달라 해서 들고 오긴 했는데 그 후에는 뭘 어찌해야 할지 나도 뾰족한 방법이 없었던 것이다.

'괜히 또 나서갔고 창피당할 일만 생겼네. 이놈의 성격을 우짜믄 좋노.'

그는 다시 책상으로 고개를 돌리며 나의 존재를 아랑곳하지 않았다. 긴장한 내 심장 소리가 귓가에 들리는 듯했다.

"그라몬 잠시 앉아서 숨 좀 돌리고 가겠심더."

아무리 그래도 그렇지 사람이 왔는데 앉으라는 소리도 안하다니…. 내심 괘씸했지만 아쉬운 쪽은 나였다. 그런데 마침 책상위에 놓인 시루떡이 보였다.

"부장님, 앗다 잔칫날이라 떡도 했네예. 이것 좀 묵고 가도 됩니꺼?"

나는 염치불구하고 의자에 앉아서 떡을 집어 먹었다. 한 점, 두 점, 세 점…. 그러나 그는 별 반응을 보이지 않았다. 오히려 '빨리 가라'는 무언의 압력이 느껴졌다.

"부장님, 그라지 말고 어지간하면 별거 아닝께. 이것 좀 받아 주이소.

이것 도로 갖고 가몬 개망신 아입니꺼. 내도 아무리 호텔 뽀이지만 체면이 있제.”

나는 넉살좋게 책상 옆에 케이크 상자를 내려놨다. 그런데 그가 버럭 소리를 질렀다.

“이 사람이 왜이래! 안 된다고 말하면 좋게 물러날 일이지…. 가지고 가시라고요!”

화를 버럭 내며 노려보는 표정이 섬뜩했다. 그렇다고 ‘네. 알겠습니더’ 하고 물러날 수도 없는 노릇 아닌가.

“부장님, 함 봐 주이소. 내가 뭐 큰 죄진 것도 아이고 쪼깨난 케끄 하나 들고 축하해 주러 왔는데, 이기 뇌물도 아니고…. 좀 받아 주이소.”

“어허, 젊은 사람이 한 번 안 된다 하면 말귀를 알아들어야지, 왜 이래!”

나는 평소에도 자존심 빼면 시체인 사람이다. 그 말 한마디가 나의 젊은 혈기를 건드렸다.

‘에잇, 사회부장이고 뭐고 간에 한 판 뜨자!’

나는 마음속으로 조용히 신발끈을 묶었다.

“그라몬 좋십니더. 부장님이 사람성의를 무시했으니께, 한 말씀 올리겠는데예. 아까 들어오다 보니까 정문에서부터 계단입구까지 화환들이 늘어서 있던데, 그것들은 뭔교? 리본에다 붓글씨로 써 놓은 거 보이께. 김대중, 김우중, 김종필이…. 은행장…. 아이고, 한 30~40개 됩디더.

아니 지금 정부나 H신문이 사회정화다 허례허식 일소다 해갔고 구석

구석 다 쑤시고 댕기믄서 결혼식 축의금도 못 받게 하지 않습니꺼? 그럼서 자기 집안잔치 때는 단속 안 하고 넘들 보고만 하지 말라 하는 것은, 뒤에서 호박씨 까는 거 아입니꺼? 이건 거시기가 아니라 불법이제 불법.”

몇 달 더 다니고 그만두나, 오늘 집에 가서 아내하고 5단 축하 케이크 들고 쫑파티 하나 마찬가지란 생각이 들었다.

“사회 부장님도 칼자루 쥐고 살지마는 나도 아는 사람 많심더. 호텔에 출입하는 온갖 기자들 다 만나 갖고 오늘 본대로 이바구 해 불랍니더.”

순간 사회부장의 표정이 경직되는 게 보였다. ‘오케이! 걸렸구나!’ 나는 바로 꼬리를 내렸다.

“어차피 전해 드리지도 못할 거, 마음속에 있는 말이라도 풀어놓으니 속이라도 시원합니더이. 내사 이래 관두나 이거 못 전해 드리고 가서 잘리나 똑같다 아임니꺼. 부장니임….”

협박과 애원이 뒤섞인 말이었다. 사실 안 되면 밤까지 기다렸다가 그날 파티에 참석하려는 마음도 있었다. 호텔 연회부 직원이니 파티야말로 내 전문 아니겠는가.

“그라지 말고 잘 한번 생각해 보이소. 그걸 받을 방법이 있을 깁니더. 안 되믄 총무부나 이런데 전화해 보이소. 이왕 파티 할라믄 케끄는 하나 있어야 되니께… 아직 안 샀으믄 이거라도 쓰면 될 것 아입니꺼.”

잠시 후 사회부장이 수화기를 들었다.

“총무부죠. 어이 김 부장, 오늘 축하파티 케이크 준비했나?”

나는 곧바로 총무부장을 만나 힐튼 홍보부장 명함과 함께 케이크를 전달해주고 회사로 돌아왔다. 케이크를 전달했다고 짧게 보고를 하니 홍보부장은 웃음을 지었다. 결코 긍정적인 의미의 미소는 아니었다. 그런데 다음 날 호텔이 발칵 뒤집혔다.

H신문 사회면 사고(社告)란에 '1주년 행사 축하 내역' 명단이 박스처리 되어 나왔던 것이다.


'사고( 社告)'

1. 축하 파티 참석하신 분

   국회의장, 국무총리…외000명

2. 화환 보내신 분

   김대중, 김우중, OOO외 00여명

3. 축하 전신 보내신 분

   OOO외000명

4. 축하 케이크 보내신 분

   서울힐튼호텔 홍보부장 안 OO1명


'그래 정면으로 승부하자. 단, 뭐든 죽기 살기로 하고, 전략을 세우고, 마지막으로 하늘의 때를 기다리자.'

이 일을 통해 나는 새로운 사실을 하나 깨달았다. 어떤 관계라도 틈이 있고, 윤활유만 있으면 치고 들어갈 수 있는 '틈생'이 있다는 사실을 말이다.

# 나를 살린 기름 한 병

나는 우선 여러 개의 여성잡지를 비교 분석한 후, 독자층이 가장 두터운 '주부생활'를 선택했다. 그리고 승리를 확신하며 '주부생활'에 지금까지 그 누구도 실행하지 않았던 '부엌 무상 개조 이벤트'를 제안했다. 그런데 어찌된 일인지 일언지하에 거절당했다. '주부생활'의 기자는 일단 브랜드의 인지도가 떨어지는 것을 문제 삼았다. 그리고 여성들의 요구 조건이 까다로워 공짜로 고쳐주고 욕먹기 십상이란 이유로 나의 제안을 거절했다. 더구나 지금까지 어느 잡지에서도 시도하지 않은 이벤트이기 때문에 성공을 확신할 수 없다는 것이다. 아무리 설득해도 요지부동이었다. 내게는 유일한 회생의 길이 막히는 순간이었다.

사실 '주부생활'은 너무 큰 잡지였다. 별다른 시도를 하지 않아도 잘 팔리는데 리스크를 감당할 이유가 없었다. 잡지사에 근무하는 대학 동기를 통해 구독률이 가장 낮고 경영이 어려운 여성지를 찾았다. 그 결과 '오픈(OPEN)'이라는 월간지가 당첨됐다.


'오픈(OPEN)'에 전화를 걸어, '구독률 10퍼센트'를 올릴 수 있는 기발한 아이디어가 있다고 제안했다. 며칠 뒤, 편집장과의 약속이 잡혔다. 나는 편집장을 만나자마자 일목요연하게 기획안을 설명했다.

1. 300만 원대 부엌가구 공사를 내가 제공한다.

2. 잡지사에서는 독자만 추첨해 주면 된다.

3. 단, 개조된 부엌의 모습을 다음 호에 신는다.

나는 간단히 프레젠테이션을 끝내고 편집장을 바라봤다. 당시 그 잡지는 폐간될 위기에 있었고 나는 무상 개조를 위해 전 재산인 3백만 원을 걸어야 하는 절체절명의 상황에 있었다. 하지만 나는 '주부생활'의 실패를 교훈 삼아 이미 상대의 패를 읽고 있었다. 승리를 확신할 수 있었다. 편집장은 긴가민가 하는 표정으로 결국 오케이 싸인을 내렸다. 결국 '주부생활'과 인연이 닿지 않은 것은, 더 큰 일을 실현하기 위한 하나님의 뜻이었던 것이다.

나의 모든 것을 포기하고 오로지 하나님의 뜻에 따라 살겠다고 순종을 했을 뿐인데 그 결과는 놀라웠다. 손익계산서는 둘째 치고 무형자산인 '빅파인'이라는 브랜드의 가치가 급격히 올랐다. 이는 돈으로는 환산할 수 없는 엄청난 효과를 불러왔다. 과부가 자신의 전 재산인 기름 한 병을 내 놓은 것처럼, 나 역시 3백만 원이라는 전 재산을 내 놓은 결과 그릇의 기름이 차고 넘치기 시작했다. 이는 하나님의 은혜가 아니면 결코 이뤄질 수 없는 일이었다.

주부들의 특성상 단장한 주방을 자랑하고 싶은 마음이 드는 게 당연할 터, 한 집을 고치면 그 집을 통해 지속적으로 소개가 들어오는 특징을 가지고 있었다. 한마디로 개조한 집이 곧 모델하우스가 되는 것이다. 그렇게 퍼져 나간 입소문은 그 어떤 광고보다 막강한 힘을 발휘했다.

비록 매월 당첨자는 1명뿐이지만 이벤트에 참가한 모든 주부가 내 생명의 은인이었다. 그녀들이 응모해주지 않았다면 나의 아이디어는 반응이 없다는 이유로 1회 만에 사장되었을게 뻔했다. 나를 살려준 주부들이 너무도 고마웠다. 나는 당장 수화기를 들고 그녀들에게 전화를 걸어 진심으로 감사를 드리며 위로의 말을 건넸다. 그런데 하나님은 이곳에도 새로운 기적을 준비하고 계셨다. 부엌 무료 개조를 신청한 주부들이다 보니, 자연스럽게 부엌 수리에 대한 이야기가 나왔고, 그 중 5명의 주부가 개조 공사를 맡긴 것이다. 50퍼센트 할인된 가격으로 공사를 맡기는 했지만 대단한 성과였다. 하지만 하나님께서 준비하신 축복의 그릇은 여기서 끝나지 않았다.

당시 여성지 1면 칼라 광고 대금은 대략 2백5십만 원 선, 나는 이 이벤트 덕분에 매달 무상으로 광고를 게재할 수 있게 되었다. 하지만 그보다 더 좋은 것은 매달 4페이지에 걸쳐 개조 전후의 모습이 상세하게 소개됐다는 것이다. 이는 어지간한 광고보다 더 좋은 효과를 발휘했다. 결과적으로 몇 억 원의 전시장 구축비용은 물론 매월 들어가는 수백만 원의 임대료도 절약할 수 있었다. 잡지 부수가 곧 모델하우스의 개수였으므로 따로 매장을 구축할 필요도 없었다. 게다가 첫 달에 탄생한 5명의 열렬한 게릴라 주부 영업요원들의 활동으로, 월급 한 푼 들이지 않고 최대의 고용 효과를 누릴 수 있었다.

이처럼 '공익 마케팅'과 입소문이라는 '바이러스 마케팅'을 효율적으로 구사한 덕분에 3백만 원으로 시작한 사업은 성공 가도를 달렸다. '기름

한 병'의 기적이 일어난 것이다.

저는 오늘의 이 모든 영광이 하나님의 능력임을 믿어 의심치 않습니다. 이렇게 받은 은혜를 다른 이들에게도 나눠주기 원합니다. 지금보다 더 하나님의 뜻에 따라 순종하고 섬기는 삶을 살기 원합니다. 속사람이 강건한 제가 되어 하나님께서 빚으시는 은혜의 질그릇이 되는 삶을 살게 하여 주시옵소서.

그런즉 너희가 먹든지 마시든지 무엇을 하든지 다 하나님의 영광을 위하여 하라
(고린도전서 10:31)

1년 후, 리스크를 감당할 수 없다던 '주부 생활'의 요청으로 나는 그들과 손을 잡았으며, 추후 국내 출간되는 8~9종의 여성지들과 함께 '부엌 고치기 캠페인'을 전개했다. 그리고 이는 내 인생의 첫 번째 티핑 포인트(TIPPING POINT)가 되기도 했다.

지혜로운 자의 마음은 그의 입을 슬기롭게 하고 또 그의 입술에 지식을 더하느니라 (잠언 16:23)

그러나 행복은 오래가지 못했다. 얼마 후, 모 중견 부엌가구 업체에서 광고 게재를 미끼로 나의 자리를 앗아간 것이다. 어떻게 마련한 재기의 발

판인데 또 이렇게 빼앗기나 싶어 분노가 치솟았다. 도대체 내가 뭘 잘못해서 하나님이 이토록 평화를 용납지 않으시는지 원망스럽기 그지없었다. 고통이 얼마나 컸던지 나를 은혜의 질그릇으로 빚어달라는 기도를 드린 일은 생각나지도 않았다.

"하나님, 제게 자꾸 이런 시련을 주시는 이유가 무엇인가요! 주님께 순종하고 당신의 뜻에 따라 살기로 한 나약한 종에게 감당할 수 없는 고통을 주시는 이유가 무엇입니까?"

얇은 유리그릇만큼이나 나약한 나의 마음은 또다시 하나님을 원망하고 있었다. 하지만 원망만 하며 주저앉아 있기에는 해결해야 할 문제들이 너무 많았다. 안 그래도 개인을 상대로 하던 영업 방식을 중소기업을 상대로 해야겠다고 생각하던 터였다. 중소기업 몇 군데를 타켓삼아 발이 닳도록 뛰며 설득하고 또 설득한 결과 납품이 시작되었다. 나는 하나님의 은혜가 그곳까지 닿아있으리라고는 생각하지 못했다. 그런데 공장도 변변한 시설도 없는 내가 휴대용 줄자 하나로 순수 월수입이 5천만 원을 웃도는 성과를 거두었다. 하지만 이 달콤함 역시 너무나 짧았다. IMF로 인해 거래하던 건설 회사들이 줄줄이 무너졌고 이에 치명적인 타격을 받게 된 것이다.

# 내 죄가 이리도 큰 것인가?

뉴스에서는 마치 일기예보라도 하듯, 하루도 빠짐없이 건설 회사들의 부도 기사를 쏟아냈다. 나 역시 거래하던 회사들이 상당수 부도를 맞아 막대한 피해를 입은 터였다. 다시는 건설업자에게 납품하지 않겠다는 다짐을 하던 차, 'S 설렁탕'의 이 할머니가 나를 찾아왔다. 60세가 넘은 할머니는 가게를 정리하고 노후 대비책으로 신촌에 원룸빌딩을 건축하고 있었는데, 그 건물에 싱크대를 넣어달라는 이야기였다. 기업이 아닌 개인이었지만, '건물 주인이니 공사 대금을 떼어 먹히지는 않겠다'라는 생각으로 계약했다. 계약금의 10퍼센트는 현금으로 받았다. 그것이 악연의 시작이었다.

날짜에 맞춰 싱크대를 납품하기 위해 건물을 찾았다. 그런데 생각지도 못한 일이 벌어졌다. 웬 건달들이 건물 앞에 죽치고 앉아 납품을 방해하는 것이었다. 일단 건물 안으로 들어가야 싱크대를 설치하든 문짝을 고치든 할 것 아닌가? 하지만 건달들은 막무가내였다. 정황을 알아보니, 건축업자가 힘없는 노인네의 재산을 탐해 이익 다툼이 벌어지고 있었던 것이다. 그는 수단과 방법을 가리지 않고 할머니의 재산을 빼앗으려 하고 있었다. 할머니는 그런 상황을 내게 숨기고 계약을 맺은 것이다.

가뜩이나 어려운 상황에 피 같은 공사대금을 어찌 회수할지 눈앞이 캄캄했다. 게다가 나의 뜻과는 무관하게 두 마리의 난폭한 고래 싸움에 긴

새우꼴이 되었으니 그야말로 환장할 노릇이었다. 그렇다고 내가 할머니에게 소송을 걸 만큼 모질지도 못했다. 어영부영 1년이란 세월이 지나가고 있었다.

상황도 알아볼 겸 오랜만에 그 빌딩 맨 위층에 사는 할머니 댁을 찾았다. 그런데 집안은 온통 법원의 붉은 압류딱지로 뒤덮여 있었다. 은행에서도 융자금을 받을 길이 없자, 빌딩을 경매로 붙인 것이다. 하늘이 무너진다는 말을·실감하는 순간이었다.

"할무이, 인자 어찌 되는 깁니꺼?"

"나도 모르겠네. 이제 경로당에 가서 10원짜리 고스톱이나 치면서 소일이나 해야지."

"…"


난 말없이 돌아섰다. 소도 비빌 언덕이 있어야 한다고, 65세의 노인네에게 뭘 기대한단 말인가. 아무리 털어 봐도 먼지 밖에는 나올 게 없었다. 도대체 무엇 때문에 내 인생에 자꾸 브레이크가 걸리는지 궁금했다. 안 그래도 '추락하기 시작한 내 인생에 과속패달까지 달리는구나' 라는 생각이 들자 만사가 귀찮아졌다. 연속 실패만 하는 나의 모습에 지친 아내의 불만도 눈덩이처럼 커지고 있었다.

"내가 하나님께 큰 죄를 지었나?"

흔들리는 마음을 의지하기 위해 새벽기도를 갔다. 나의 입술은 주님의 긍휼하심을 원하고 있었지만 실상 마음은 그렇지 못했다. 매번 베푸신 역사를 경험하면서도 짧은 기쁨 뒤에 큰 시련들을 자꾸 경험하다보니 그것이 하나님의 능력인지 나의 능력인지 헷갈릴 지경에 이른 것이다. 쓰임을 받을 시기가 곧 올 것이라는 믿음 하나로 버텨온 시간들이었는데 갑자기 그 모든 것이 허무하다는 생각도 들었다. 나는 과연 그 '때'가 정녕 있는 것인지, 혹 내가 그 '때'를 모르고 지나친 것은 아닌가 하는 불안함에 초조해지고 있었다. 그럼에도 불구하고 내가 의지할 곳은 하나님 밖에 없었다.

> 오직 주 예수 그리스도만이 저의 구원임을 믿습니다.
> 오직 주 예수 그리스도만이 저의 희망임을 믿습니다.
> 오직 주 예수 그리스도만이 저의 방패임을 믿습니다.
> 오직 주 예수 그리스도만이 저의 피난처임을 믿습니다.
> 저를 오직 하나님만 의지하게 하시고, 제 앞에 놓인 모든 시련과 시험을 가뿐이 뛰어넘을 수 있는 지혜와 용기를 주시옵소서. 끝날 것 같지 않은 어둠의 터널에 서있는 나약한 마음에 주님의 평강이 임하게 하소서. 다시 일으켜주실 주님의 능력만 바라옵니다.

기도를 마치고 집으로 돌아오는 길, '도대체 하나님이 나를 어떻게 쓰시려고 이런 시련을 주시는가'를 생각하고 또 생각했다. 그런데 라디오에서 미국의 한 기업이 도메인 때문에 애를 먹는다는 보도가 흘러나왔다. 신규 브랜드의 도메인을 등록하려 하는데 이미 누군가 그 도메인을 등록해 놨다는 것이다. 유레카! 주님은 그렇게 생각지 못한 뜻밖의 길로 나를 인도하셨다.

아직 건설업자가 할머니에게서 뺏지 못한 것이 있었다. 그것은 바로 40여 년 된 'S 설렁탕'의 상표와 할머니의 음식 솜씨였다. '아무에게도 악을 악으로 갚지 말고 모든 사람 앞에서 선한 일을 도모하라'는 말씀을 가슴에 새기며 나는 서둘러 할머니를 만났다.

"할무이요, 지금부터 지 말 잘 들어 보이소!"

나는 할머니에게 공동으로 'S 설렁탕'의 상표를 등록하고, 그 소유와 지분을 50:50으로 하자고 제의했다. 투자자와 언론 홍보 그리고 프랜차이즈는 내가 알아서 할 테니 할머니는 기술만 전수하면 되는 것이다. 수익은 공평하게 50:50으로 분배하고, 할머니가 돌아가시면 모든 지적 재산권은 내게 양도한다는 게 설명의 요지였다. 할머니는 구세주를 만난 표정을 지었다. 당장 방 한 칸 없이 쫓겨나게 생겼는데 채권자 중 한 사람이 살 길을 열어 준 것이다. 아니, 이는 하나님께서 나를 통해 할머니에게 새로운 삶을 열어주고 계심이었다.

고난 없는 삶이 어디 있겠는가. 형들에게 미움을 받아 구덩이에 던져지고 노예로 비천한 삶을 살아야 했던 요셉만 봐도 그렇다. 누명을 쓰고 교도소에 갇히는 등 그의 인생은 시련과 고난의 역속인 삶이었지만 그는 결국 애굽의 총리가 되지 않았던가. 나는 하나님이 흙으로 사람을 만들 때 육신이란 그릇에 '희망'이라는 칩을 내장하였다고 믿는 사람이다. 그래서 자꾸 넘어지면서도 무릎을 털고 일어서려는 노력을 게을리하지 않았다.

온실 속에서 자란 화초는 밖으로 나오면 쉬 말라버리지만, 길가의 잡초들은 아무리 밟아도 또 자라난다. 어려운 상황에서도 뒤로 숨지 말고 당당히 세상과 맞설 때, 비로소 하나님도 새로운 길을 마련해주신다. 고난은 유익이요, 하나님의 또 다른 축복이자 기회다. 나 역시 이와 같은 고난의 시간을 통해 디지털 김치장수가 되는 결정적 계기를 마련할 수 있었다.



마침 할머니의 양아들이 'S 설렁탕 1호점'을 하겠다고 나섰다. 우리는 힘을 합쳐 신사동 시장 골목에 위치한 작은 가게를 얻었다. 20여 평의 작은 공간에 최소 비용으로 오픈을 준비했기 때문에 인테리어랄 것도 없었다. 하지만 할머니의 손맛과 기존의 명성 때문인지 생각보다 장사가 잘 됐다.

난 그 기회를 놓치지 않고 '서강대 동문 신문'에 기사화했다. 마침 그 기사를 본 동문 한 명이 찾아와 동업을 제의했다. 사업자금은 그 친구가 대지만 상표권은 우리가 갖는다는 것과 지분의 25퍼센트를 받는 조건으로 동업을 맺었다. 나는 25퍼센트의 지분에서 절반을 할머니께 지불하기로 했다. 이렇게 3명의 동업 아닌 동업이 시작되었다.

다음해 1월, 역삼동 경복아파트 건너편에 200여 평 규모의 점포를 얻고 'S 설렁탕'이란 상호로 가게를 오픈했다. 본점으로 손색이 없는 규모였다. 난 사방 천지를 뛰어다니며 브랜드 홍보와 이 할머니의 최고경영자 이미지 즉 PI(President Identity)에 집중했다.

그런데 5억이란 큰돈을 들여 개업을 한 본점이 의외로 고전을 면치 못했다. '장사는 목이 반'이라는데, 교통이 불편한 외진 곳에 자리 잡은 것이 가장 큰 문제였다. 산 너머 산이라더니, 그 가게는 이미 4,5개의 가게가 실패하고 나간 자리였다. 미국에서 큰 성공을 거두고 역으로 한국으로 진출한 설렁탕 업체마저도 얼마 버티지 못했다는 것이다. 우리는 긴장할 수밖에 없었다. 할머니는 자기가 잊힌 인물이라는 생각에 초조해했고, 친구는 투자한 자금에 대한 중압감에 시달렸다. 나라고 마음이 편할 리 없었다.

맛있는 설렁탕을 만들려면 먼저 솥을 데우고, 핏물을 뺀 사골을 한참 고아야 한다. 그리고 위로 뜬 소기름과 부유물을 걷어 낸 후 다시 하루 정도 고아내야 뽀얀 진국이 나오는 법이다. 하나님께서 사람을 쓰시기 위해 진국이 우러나올 때를 기다리시는 것과 같은 이치다. 사업도 설렁탕과 별반 다를 것이 없는데 우리는 그 솥이 끓는 시간, 진국을 우려내는 시간을 참지 못하고 안달복달하고 있었다.

나는 가게의 홍보를 위해 호텔 일을 할 때 만난 기자들을 찾았다. 그들은 알게 모르게 많은 도움을 주었다. 하지만 결정타를 날린 사람은 따로 있었다. 그는 당시 대우그룹 기조실의 홍보팀장을 맡고 있던 백 차장이었다. 백 차장은 호텔에 근무할 당시, 그룹 계열사의 홍보담당자들이 교육받는 자리에서 만난 사람이었다. 그런데 만난지 얼마 지나지 않아 백 차장이 큰아이를 낳았다는 소식이 들려왔다. 나는 한걸음에 병원으로 5단 케이크를 들고 찾아가 축하의 인사를 건넸는데, 그 후로 우리는 형님 아우 하는 사이가 되었다. 그런 백 차장은 내게 하나님이 보내주신 천사가 되어, '조선일보 맛 기행 칼럼' 담당 기자와 다리를 놓아 주기에 이르렀다.

# 하나님, 제게 그 사람을 용서하라고 하지 마십시오

여전히 식당의 매출은 형편없었다. 이러다가 인건비는커녕 가게 세도 못 낼까봐 걱정스러웠다. 나는 서둘러 조선일보 기자에게 전화를 넣었다. 그는 백 차장의 당부 때문인지 친절하게 전화를 받았다. 그러고는 '한번 가겠다'라는 대답을 남겼다. 나는 한양 간 몽룡을 기다리는 춘향이의 심정으로 그를 기다렸다. 하지만 몇 주가 지나도록 그는 올 생각을 하지 않았다. 혹시 나의 부탁을 잊은 것은 아닌지…. 논바닥처럼 쩍쩍 갈라지는 갈증을 느꼈다. 목마른 놈이 우물 판다고 다시 한 번 전화를 넣었다. 하지만 끝내 그는 나타나지 않았다. 그렇게 시간은 흘렀고 나도 서서히 그 문제를 포기하기 시작했다.

그러던 어느 날 그날 아침도 평소와 다를 바 없었다. 2백여 평의 넓은 홀에는 손님보다 종업원 수가 더 많았다. 그런데 오후가 되자 무슨 일인지 손님들이 들이닥치기 시작했다. 예수님의 기적과 가르침을 듣기 위해 사람들이 구름떼처럼 몰려든 것도 아닌데 가게 안으로 쉬지 않고 사람들이 들어섰다.

어리둥절한 것도 잠시 오전 11시 무렵 설렁탕이 바닥을 보이기 시작했다. 손님들의 성화가 이어져 다시 탕을 준비했지만 오후 2시가 되기 전에 우리는 백기를 들고 말았다. 평소 130여 그릇이 나가던 설렁탕이 그날은 무려 600여 그릇이나 나간 것이다. 나는 신문 기사를 보고 찾아왔다는 손님의 말을 듣고서야 상황이 판단됐다. 애타게 기다리던 조선일보 기자가 암행어사처럼 가게를 다녀간 모양이었다. 기사가 나온 날이 토요일이었는데, 다음날인 일요일 새벽에도 손님들이 장사진을 쳤다. 후문에 의하면 그날 하늘에서 나는 새도 떨어뜨린다는 아무개도 몇 번이나 찾아왔지만 입맛만 다시고 돌아갔다고 한다.

이렇게 시작된 'S 설렁탕'은 매일 새로운 역사를 쓰고 있었다. 하지만 또 다른 배신의 열매가 자라고 있으리라고는 전혀 생각지 못했다.

오늘 있다가 내일 아궁이에 던져지는 들풀도 하나님이 이렇게 입히시거든 하물며 너희일까보냐 믿음이 작은 자들아 (마태복음 6:30)

연일 예비 창업자들로부터 프랜차이즈에 대한 문의가 빗발쳤다. 한 달 이익이 5천여만 원에 이른 것은 그로부터 얼마 지나지 않아서였다. 마치 때 끼고 낡아 방치해 뒀던 설렁탕 사발을 잘 닦으니 그것이 고려청자로 밝혀진 꼴이었다. 그런데 동업자가 조용히 나를 찾아왔다.

"심 사장. 사실, 나는 프랜차이즈에 별 관심이 없다. 서울에 5개 점포만 직영할 테니 이쯤에서 헤어지자."

초기 계약정신을 위배한 비신사적 행동이었다. 이제 기술도 습득했고 알 것 다 알았으니 비싼 로열티나 대가를 지불할 수 없다는 얄팍한 계산을 한 모양이다. 장사가 잘될수록 내게 지불해야 할 액수도 커지니 그 돈도 아까웠으리라. 토끼를 잡으면 사냥개도 잡아먹는다더니…. 나는 어느새 친구의 프로그램에서 용도 폐기된 것은 물론, '휴지통'에 버려진 후 완전히 삭제되고 말았다.

아쉬운 마음이 가득했지만 나는 이미 미련을 버렸다. 아브라함이 조카 롯에게 양보하듯 그에게 노른자위 사업권을 양보했다. 돈이 문제가 아니었다. 친척에게 입은 상처가 아물기도 전에 그 자리를 또다시 베이는 고통이 너무 커, 나는 그 자리를 벗어나고 싶은 생각뿐이었다.

토끼몰이를 해본 사람은 알 것이다. 모든 동물이 다 그렇겠지만 특히 토끼란 녀석들은 일단 쫓기기 시작하면 도망가는 데만 정신이 팔려 무조건 뛰기 시작한다. 게다가 잘 숨어있던 녀석들조차 몰이꾼들의 함성이 들리면 깜짝 놀라 숨어있던 은신처에서 뛰어나온다. 그렇게 토끼들과 사냥꾼 그리고 사냥개의 쫓고 쫓기는 숨바꼭질 속에서 녀석들은 산 아래로 줄행랑을 친다. 옆도 보지 못하고 위도 돌아보지 않는 녀석들은 줄곧 산 아래로만 내달린다. 결국 산 아래서 느긋하게 기다리던 사냥개들에게 잡히고 마는 것이다.

이 친구도 마찬가지다. 돈만 보고 무조건 앞으로 내달리다 자신이 쳐놓은 덫에 걸리고 말았다. 친구는 나와 헤어지고 나서 강남역 근처와 분당에 두 개의 점포를 더 차렸지만 매우 고전했다고 한다. 그러던 중 주방 아줌마 한 분이 갑자기 뇌출혈로 쓰러지는 바람에 보상 문제까지 겹쳤다. 잘되던 역삼 본점마저도 신축건물을 짓겠다며 나가 달라는 건물주의 요구에 가게 문을 닫았다는 것이다. 씁쓸한 마음을 금할 수 없었다.

어린 시절 영화에서 엄청난 금은보화를 발견한 사람들이 욕심에 눈이 멀어 서로 등에 총칼을 겨누는 모습을 자주 봤다. 최후 살아남은 사람이라도 그것을 차지할 수 있으면 좋으련만, 결국은 동굴이 무너져 그 자신도 파멸하고 만다. '동경부동식(同耕不同食)'이라는 말이 있다. '같이 고생하면서 밭을 갈았지만, 수확을 함께 먹지 않는다'는 의미다. 그 친구는 뜨거운 설렁탕을 급하게 혼자 먹으려다 입안이 데이는 것도 모자라, 사골 뼈가 목구멍에 걸려 버린 것이다.

나는 인간이 망하는 것은 순전히 욕심 때문이라는 사실을 뼈에 사무치도록 깨달은 것만 해도 큰 수확이라 스스로 위로했다. 인간의 욕심에는 끝이 없다. 99개를 가져도 100개를 채우기 위해 다른 사람들을 다치게 하는 게 욕심이다. 우리는 언제쯤 밥상이 아닌 밭을 가는 수고스러움에 더 많은 관심을 두게 될까?

이런 글이 있다.


"사랑이 지나치면 반드시 그 소모가 심할 것이고
명예가 지나치면 반드시 그 비방이 심할 것이고
기쁨이 지나치면 반드시 그 근심이 심할 것이며
뇌물을 탐하는 마음이 지나치면 그 망함이 심할 것이다."


얼마 후 우후죽순처럼 대형 설렁탕 체인점들이 들어섰고, 그 사람들이 큰돈을 벌었다는 슬픈 이야기를 듣고도 나는 웃었다. 대한민국에서 그 사업을 처음 시작한 사람에게 남겨진 것은 배신과 증오 그리고 아물지 않을 상처뿐이었다. 너무도 고통스러웠다. 친척의 버림도 모자라 친구에게 배신을 당한 나 자신이 너무도 비참했다. 하지만 언제나 입으로는 하나님의 뜻에 따라 살겠다고 말하면서도, 결국은 나의 뜻에 따라 살았던 이기심의 결과라는 사실을 나는 알지 못했다. 그리고 실패의 원인이자 이유를 내가 아닌 다른 것에서 찾기 시작했다. 조금이나마 심적 고통을 줄여보기 위함이었다.

무엇보다 나를 힘들게 하는 것은 그 사람들을 '용서'하라는 성경의 말씀이었다. 심장이 찢어지고 가슴이 무너지는 내 고통은 개의치 않고, 용서하고 또 용서하라는 말씀을 받아들이기가 힘들었다.

내 가슴이 이토록 무너지고 심장이 찢어지는 고통을 느끼는데 왜 자꾸 그들을 용서하라 하십니까? 하나님, 제발 이 지옥 같은 제 심정을 외면하지 말아 주십시오. 저는 지금 사는 게 사는 게 아닙니다. 그런 제게 그들을 용서하라는 말씀은 하지 말아 주십시오. 저도 되풀이되는 고통에 나약하고 심약해진 피해자입니다.

하나님께 매달리며 기도를 드리고 울부짖다 잠들기를 여러 날, 메아리조차 들리지 않은 오랜 침묵의 시간이 흘러갔다. 문득 두려운 생각이 들었다. 아, 하나님이 나를 떠나신 것인가, 결국 나는 주님께 버림받은 인생을 살아야 하는 것인가. 이윽고 나는 그분의 깊고 심오한 뜻을 알 길도 없고,

알 필요도 없다는 사실을 깨달았다. 내 뜻대로 할 수 있는 것이 과연 얼마나 있는가?

"사방팔방이 다 막힌 상황에서 몸부림칠수록 더 깊은 수렁에 빠져드니, 이제 내가 할 수 있는 것은 아무것도 없다. 나의 문제를 주님께 맡기자. 이제 죽고 사는 것은 나의 문제가 아니다. 모든 것을 있는 그대로 수용하자. 주님께서 나에게 주시는 거룩한 훈련과정이다."

나는 그저 주님께서 나와 우리 가족의 변화를 원하고 있다는 사실만 기억하기로 했다. 하나님이 이런 환경을 만드시는 것은 나를 단련하기 위함이요, 나아가 그가 예비한 길로 인도하기 위함이라는 믿음으로 스스로를 다독였다.


## 형님, 이제 조용히 쉬시죠

그런데 'S 설렁탕'의 성공 소식과 김치 맛에 대한 기사를 본 후배 하나가 나를 찾아왔다. 그는 논산훈련소에 김치 납품을 위해 논산에 김치공장까지 차려 놓은 사람이었다. 그런데 내부적으로 문제가 생겨 훈련소 납품이 차일피일 미뤄지고 있었던 모양이다. 생각보다 군대 납품이 쉽지 않아 자칫하면 큰 손해를 볼 판이었다. 긴 고민 끝에 차라리 '브랜드 김치'를 만들어 파는 것이 더 낫겠다는 결론에 이르자 나를 찾아온 것이다. 하지만 사업을 함께 시작한 친구는 나보고 손을 떼라고 난리인데, 한쪽에서는 김치 사업을 하자며 끌어당기니 나는 자석에 이끌리듯 후배와 동업을 준비할 수밖에 없었다.

세상에는 많은 사람이 있지만 나는 단 두 종류로 구분한다. '남을 이용하려는 사람'과 '쉽게 이용당하는 사람'이 그것이다.

하지만 '자라보고 놀란 가슴 솥뚜껑 보고 놀란다'라고 이미 몇 번의 배신을 통해 상처를 받은 후였다. 아무리 후배라 해도 제대로 된 관계에서 일을 해보자는 심정으로 처음으로 계약서를 작성하자고 요구했다.

1. 기술 이전비 10억 원을 분할하여 지급한다.

2. 총매출의 5퍼센트 이상을 로열티로 지급한다.

3. 단, 나와 할머니 그리고 동업을 제의한 후배 모두를 공동으로 김치 상표권자로 등록한다.


우리는 위의 내용에 합의하고 변호사 사무실을 찾아 공증도 받았다. 얼마 뒤 후배로부터 초도 계약금 5백만 원이 입금되었다. 아, 하나님이 이렇게 다시 나를 살려주시는구나! 나는 들뜬 가슴을 안고 할머니에게 절반을 나눠드렸다.

이는 단순한 계약금이 아니었다. 마치 맥도날드 형제처럼 브랜드 하나로 평생 소득원을 확보한 것이다. 인테리어 업자가 지적 재산권으로 평생 소득원과 새로운 비즈니스 모델을 창출하다니…. 지금까지의 시련은 모두 오늘을 위한 준비 과정에 불과하다는 생각마저 들었다. 확고부동한 지분까지 생겼으니 이보다 좋을 수는 없었다. 블루오션을 만난 돌고래가 되어 나는 칭찬 없이도 혼자 춤을 추고 있었다.

게다가 당시 '대학 총동문회'와 '기업인 동우회'의 총무직을 맡고 있던 것이 결정적인 도움이 되었다. 두 명의 동문으로부터 2억여 원 이상의 투자를 받은 것이다. 물론 그 투자금은 후배 명의의 법인 계좌로 들어갔다.


이미 몇 번의 토사구팽으로 인해 심신은 많이 지쳐 있었지만, 김치 브랜드를 살리기 위해 'S 설렁탕'에 쏟았던 노력의 배가되는 힘과 정성을 기울였다. 얼마 지나지 않아 우리는 10여 개의 대리점을 모집할 수 있었다. 그런데 무슨 일인지 공식적인 기술 이전료는 고사하고 로열티 한 푼 들어오지 않았다. 후배 녀석은 나와 마주칠 때마다 매출은 있어도 남는 게 없다며 앓는 소리를 해댔다. 나는 그 말을 그대로 믿었다. 솔직히 말하자면, 회생불능 상태의 부엌가구 사업과 김치사업을 동시에 운영하다보니 그런 것에 신경 쓸 정신적 여유가 없었다.

나는 그때 남을 이용하는 사람은 매우 적극적이라는 사실을 깨달았다. 목적을 달성하기 위해 수단과 방법을 가리지 않는 것이다. 남이야 죽든 말든 상관하지 않고 자신의 이익만 추구한다. 도덕심은 물론 윤리의식도 없다. 인간에 대한 배려와 이해 그리고 양보는 그네들 사전에 없는 단어다. 겉으로는 착한 척하고 이타적인 행동을 하지만, 내심 이기적인 행동을 한다. 후배 역시 그랬다.

어느 순간 이상한 느낌이 들기 시작했다. 후배가 나를 빼놓고 이 할머니만 데리고 논산의 김치공장을 다니기 시작한 것이다. 그들이 논산을 찾는 시간이 길어질수록, 자신들만의 회의가 많아질수록 나는 상대적으로 소외될 수밖에 없었다. 그리고 얼마 후, 나를 눈엣가시처럼 여기는 모습이 확연하게 드러났다. 어느새 나는 그들에게 거추장스러운 존재가 되고 있었다.

그렇게 나는 암울한 20세기 마지막 동짓날을 맞았다. 그리고 영화 '도망자'의 주인공처럼 쫓기는 삶이 시작되었다. 회사가 부도난 후 생사의 갈림길에 섰던 나는 김치사업에 신경 쓸 겨를이 없었다. 훗날 그 사업에 투자했던 동문에게 들은 바로는 이미 김치사업 역시 부도 난지 오래였다. 더욱 안타까운 일은 후배가 채권자들과 실랑이 가운데 그 돈의 상당 부분이 내게로 건너갔다는 말을 했다고 한다. 개인적으로 그에게 빌린 부채가 있는 것은 사실이지만, 계약상 내가 받아야 할 금액의 1/30도 채 안 되는 돈이었다. 그는 내가 쌓은 신뢰를 이용해 돈을 모았고 또 나를 팔아 살길을 찾고 있었다.

죽고 싶은 심정이었다. 자금의 압박보다 반복적으로 사람들에게 받은 상처가 치유되지 않았다. 돈과 사람, 신뢰를 잃고 '죽느냐, 사느냐'를 고민하던 어느 날, 평소 믿고 따르던 선배를 찾아갔다. 그는 초라한 나의 행색을 보고 평생 기억될 말을 해 주었다.

"심 사장! 인생에서 사기꾼만 만나지 않으면 절대 망하지 않는다. 그것들은 돈만 챙기는 것이 아니라 원하는 것을 얻기 위해서 모험을 하고 음모를 꾸미며, 주변 사람과의 관계를 아예 끊어 놓기 때문에 절대로 피해야 된다. 수박밭에 서리하러 와서는 급하고 불안한 마음에 수박뿐만 아니라 수박 줄기와 그 순까지 밟아놓고 가서, 그 해 수박 농사 자체를 망치게 한다는 사실을 명심해라."

## 너는 아직 밥상에 올라갈 김치가 아니다

지금이야 이 말이 약으로 다가오지만, 사실 그 당시에는 아무 말도 들어오지 않았다. 몸을 다치거나 숨이 끊어지지 않아서 그렇지 사망선고를 받은 것이나 다름없었기 때문이다. 나는 그때야 비로소 사람이 죽음을 결심하는 것은 돈이 없거나, 병에 걸려서가 아니라는 사실을 깨달았다. 사랑하는 사람에게 버림을 받았거나 지인들에게 배신을 당해서도 아니었다. 스스로 죽음을 선택하는 이유는 단 하나, '더는 살아갈 아무런 이유와 희망이 없다'라는 절박함 때문이었다.

사람이 물에 빠지는 순간 발끝에 바닥이 닿으면 안심을 한다. 잠시 허둥대다 곧바로 몸을 추스르고 일어서면 되는 것이다. 하지만 아무리 허우적거려도 발끝이 땅에 닿지 않을 때 밀려오는 공포는 말로 설명할 수 없다. 당시 내 삶이 바로 그랬다. 하나님은 내게 땅이 발에 닿는 자유를 허락하지 않으셨다. 아니 그런 줄 알았다. 아무리 인내하고 참아내도 고통의 터널은 결코 끝이 나지 않았다. 긴 어둠 끝에 찰나의 빛이 보였지만, 그것도 잠시…. 나는 또다시 죽음보다 무거운 역경의 가시밭길로 들어서고 있었다. 나의 노력, 나의 의지도 아무 소용이 없었다. 그런데 나는 여기서 매우 중요한 사실 하나를 깨달았다.

물에 빠졌을 때 가장 먼저 해야 할 일은 스스로 몸에 힘을 빼야 한다는 사실이다. 구조를 기다리며 힘을 빼면 사람의 몸은 자연스럽게 물 위로 떠오르게 되어 있다. 수영도 못하면서 살겠다고 허우적거리면 더욱 깊이 빠져들기 마련이다. 어떻게든 헤쳐나가겠다는 오기, 이대로 그냥 두지 않겠다는 분노, 이렇게 무너질 수 없다는 욕심 그리고 내가 할 수 있다는 생각을 버리는 순간 우리의 발목을 잡던 깊은 물살에서 벗어나 비로소 물 위로 떠오를 수 있는 것이다. 그리고 모든 것을 나의 의지가 아닌 주님의 뜻에 따르겠다고 모든 것을 체념하고 순종해야 비로소 번쩍이는 사이렌을 울리며 구명보트가 다가오는 것이다.

나 역시 죽음으로 고통에서 벗어나려는 생각이 가득했지만 결국 하나님께서 내미신 손을 잡으며 희망의 끈을 붙들었다.


이처럼 쉼없이 연단한 후에 날 어디에 쓰시려고 하시는 것인가?

혹 양파 껍질 까듯이 나의 껍질을 매일 벗겨 본질을 보신 후, 누구에게도 맡기지 않았던 사명을 주시고자 하는 것인가?

남들이 저주받았다고 손가락질할 때를 기다렸다가, 나를 복의 근원으로 삼아 뭇 사람들에게 교훈을 주시고자 하는 것인가?



당시 나는 가나안 여인처럼 주님께 목숨을 걸었다. 나도 주님의 품안에서 떨어지는 은혜를 먹고 살겠다고 결심했다. 부스러기라도 감사히 얻겠다는 간절함이 있었다. 그리고 나는 잊지 않았다. 예수님이 가나안 여인에게 오신 것은 모욕을 주기 위함이 아니요, 그녀를 살리기 위함이라는 사실을 말이다. 그렇게 하나님의 말씀을 깨닫는 순간 기적처럼 하나님의 음성이 들렸다.

"너는 아직 밥상에 올라갈 김치가 아니다. 좀 더 기다려라. 엄동설한이 오면 네 것을 꺼내 쓸 것이니."



절대자의 치밀한 계획 하에 노지에 옮겨진 어린 배추는 매서운 서릿발을 견뎌야 깊은 맛의 배추로 성장할 수 있음을 나는 그제야 알았다. 겉절이는 보통 2,3시간 짧게 절이거나 소금에 절이지 않고 바로 김치를 담근다. 하지만 김장김치는 최소 6시간 이상을 절여야 하고, 묵은지로 사용할 김치는 소금도 모자라 된장에 절이기도 한다. 요즘 사람들이야 나트륨 과다 섭취로 인한 고혈압이나 심장병을 걱정하지만 우리 선조들은 그렇게 김치를 담갔다. 그렇게 하지 않으면 묵은지가 되기도 전에 김치가 상해 버리기 때문이다.

'아, 나를 묵은지로 사용하시려는 것이구나!'

그렇다. 하나님은 결코 나를 버린 적이 없으셨다. 나를 결코 외면한 적이 없으셨다. 나를 쓰시기 위해, 하나님의 사람으로 만들기 위한 과정에 불과한 것을, 어리석은 내가 이 하늘보다 깊고 바다보다 넓은 그 큰 뜻을 어찌 짐작이나 할 수 있었겠는가!

나보다 더 어려운 사람들, 삶을 포기하려는 이웃들에게 나의 경험을 통해 위로와 희망의 메시지를 전달하시고자, 나를 철저히 더 절이신다는 주님의 응답을 듣자 기쁨의 눈물이 절로 흘렀다. 나에게 이토록 많은 복과 구원을 주시기 위해 홀로 가슴아파하고 애쓰시는 하나님께 과연 나는 무엇을 드렸던가! 은혜를 달라고, 사랑을 달라고, 긍휼을 달라고 원하는 동안 과연 내가 주님을 위해 한 것은 무엇이란 말인가! 절로 감사의 기도가 넘쳤다.


삭풍이 불어와 천지 만물이 얼어붙어 절망이 우리를 에워싸는 이 순간에도 화로 깊숙이 참숯과 같은 소망을 주셔서 감사드립니다.

세상이 요동치는 이 절체절명의 상황에서도 요동치 않는 평안함을 허락하여 주시니 감사합니다. 다들 경제위기로 어렵다 할 때 은과 금 대신 예수 이름의 권세를 허락하시니 감사합니다.

육신의 진액이 마르는 이 순간, 도리어 눈을 들어 천국을 바라볼 수 있는 지혜를 허락하신 우리의 구세주 여호와께 찬양 드립니다. 그렇지만 한편으로는 나를 구원하시고 연단하시는 주님의 진정한 의도가 무엇인지 묵상해봅니다. 혹 제가 미세한 주님의 음성에 민감하게 반응하지 못하는 것은 아닌지요? 혹 주님의 약속을 믿지 못하고 목마르다, 배고프다 하며 의심했던 유대인들 같이 님을 온전히 신뢰하지 못하는 것은 아닌지요? 혹 마치 광야에서 금으로 만든 우상을 숭상하듯 부지불식간에 주님을 욕되게 하고 있지는 않은지요. 혹 저희 인생 최종 목적을 망각하고 즐거움과 이기적인 욕심에 사로잡혀 사명을 실종하고 있지는 않은지요?

주님의 은혜를 돌이켜 볼 때 부끄럽기 그지없습니다. 하지만 주님, 저는 너무 나약합니다. 주님 곁에서 3년간 수종들며 가르침을 받았던 12제자들도 그러할진대, 2000년이 지나 끝물에 다다른 저는 두 말 할 것도 없겠지요. 저의 영성이 회복되고 회개의 눈물이 마음 깊은 곳에서 샘솟게 하여 주시옵소서. 또한 저의 마음을 어루만져 결단을 새롭게 하게 하시어 아직도 주님을 모르고 말씀의 능력을 모르며 우리 인생의 유일한 대안인 예수님을 모르는 많은 이들에게 이 세상 마지막 날까지 담대히 나갈 수 있도록 저를 인도하여 주시

옵소서. 이 자리에 성령으로 임하신 우리 주 예수님의 이름으로 기

도드립니다. 아멘

❶ 천국 시민이 된 부친
❷ 어머니와 함께 한 시간
❸ 고교시절 소풍가서 꿈을 잉태하던 시절
❹ 언제나 사람들을 웃기길 좋아했던 저자
❺ 결코 책은 손에서 놓지 않았다
❻ 예수인교회에서 윤형주 장로님과 함께
❼ 어려울 때 식사를 정성껏 대접해주었던 성민촌 윤석복 사장

# Chapter 3

# 김치의 맛은 소금에 따라 달라진다

## 그럼 한번 만나제이

1970년대 후반, 유신정권 반대 운동이 정점에 달해 한시도 바람 잘 날 없는 정국이 이어졌다. 운동장 곳곳에는 날마다 데모하는 학생들이 늘어나고 혼란스러운 시국만큼이나 캠퍼스의 분위기도 험악해졌다. 당시 서강대학교 정치외교학과를 다니던 나는, 불행하게도 대학 생활에 별 흥미를 느끼지 못했다. 부모 형제가 그리워 입석도 마다치 않고 불현듯 밤차로 고향에 내려갈 만큼 짙은 향수병에 시달렸다. 정치적으로나 개인적으로나 꽤 혼란스러운 시기였다. 결국 2학년 1학기를 마친 나는 입대를 자원했다. 그런데 막상 입소가 5일여 앞으로 다가오자 여자 친구가 필요하다는 생각이 들었다. 편지라도 주고받으며 군 생활의 외로움을 달래야 할 것 아닌가 말이다. 조급한 마음에 주위에 '비상 소개팅령'을 선포했다. 덕분에 입대 하루 전까지 매일 소개팅을 예약해 놨다. 그리고 평소 친하게 지내는 누나의 주선으로 나간 첫 번째 소개팅 자리에서 평생의 배필인 '백치미 아가씨'를 만났다. 초등학교 한 학년 후배라는데 나는 그녀를 본 기억이 없었다.

작은 체구에 하얀 피부 그리고 동그란 얼굴형의 그녀는 마치 공주 같았다. 유치하지만 정말 그렇게 느껴졌다. 그녀에게 첫눈에 반한 나는 정치외교학도답게 장황한 포부와 비전을 풀어놓았다. 그런데 그녀는 열을 올리는 나와 다르게 별 반응을 보이지 않았다. 테이블 위에 놓인 죄 없는 성냥개비 허리만 똑똑 분지를 뿐이었다.

"내 이바구 알아 들었습니꺼?"

"모르겠는데예."

처음 만난 사람, 그것도 잘 보여야 하는 소개팅 자리에서조차 자신을 포장하려 들지 않았는 그 '깡'이 마음에 들었다. 세상물정을 전혀 모르는 듯한 백치미도 내 관심을 끌었다. 흙으로 만든 남자보다야 갈비뼈로 만든 여자가 여러모로 빛나는 것은 당연한 일일지도 모르겠지만….

그녀에게 푹 빠진 나는 줄줄이 잡혀 있던 4개의 미팅을 취소하고 그 시간을 그녀와 보냈다. 친구들에게 소개도 시키고, 집에도 데려가며 그렇게 서툰 사랑을 키워나갔다. 하지만 감정이 깊어질수록 입대 날짜는 빨라지고 있었다. 그렇게 다섯 번의 짧은 만남을 뒤로하고 나는 논산행 기차에 몸을 실어야 했다.


훈련소에서의 겨울은 생각보다 혹독했다. 하지만 입대 전 읽은 빅터 E. 프랭클의 '죽음의 수용소에서'라는 책을 생각하며 버텨냈다. 빈 의과대학의 신경정신과 교수였던 저자가 생사의 엇갈림 속에서도 삶의 의미를 잃지 않고, 인간 존엄성과 승리를 일궈낸 자전적 체험 수기다.

제2차 세계대전 당시 유대인인 빅터 E. 프랭클 박사는 악명 높은 아우슈비츠 수용소에 수감된다. 그는 그곳에서 아버지와 어머니, 형제는 물론 자신의 아내까지 잃는 잔혹한 운명을 겪는다. 아무런 희망도 없이 자신에게 다가오는 죽음의 그림자를 바라보던 그는, 살아야 할 분명한 '이유'와

'목적'이 있는 한 어떠한 고통 속에서도 살아남는다는 사실을 발견한다. 삶의 이유와 목적이 없으면 고통을 참을 이유도 없어서 쉽게 죽는 것이지, 고통 그 자체로 죽는 사람은 없다는 얘기다. 다시 말해서 어떠한 상황 속에서도 삶의 의미만 찾아낼 수 있다면, 그 고통이 무엇이건 간에 비극을 승리로 바꾸고 곤경을 성취로 변화시킬 수 있다. 그는 '왜(Why) 살아야 하는지를 아는 사람은 그 어떤(How) 상황도 견뎌낼 수 있다'라는 니체의 말을 이용하여 생존의 이유를 말하고 있었다.

만약 입대 전 이 책을 읽지 않았더라면, 나는 그 긴 고통의 시간을 훌륭하게 버텨내지 못했을지도 모른다. 한창 생각이 많을 나이의 피 끓는 청춘들을 모아놓은 군대는, 민간인의 생각은 바라지 않았다. 아니 애초부터 논리와 윤리 따위는 없었다. 제대로 먹지도 씻지도 못하는 상태에서 무조건 명령에 따라야 하는 극한상황이 이어졌다. 어느 정도 각오는 하고 왔지만 생각보다 힘들었다. 나는 '왜 살아야 하는지를 아는 사람은 그 어떤 상황도 견뎌 낼 수 있다'라는 말을 기억하며 그 추운 시간을 버텨냈다. 그리고 어쩌다 한 번씩 도착하는 그녀의 편지가 내 군 생활의 유일한 청량제였다. 태어나 처음으로 마음에 드는 여자를 발견했는데 다섯 번 밖에 못 만나고 왔으니 그리움은 절로 커졌다. PX에서 파는 '보름달'이라는 빵만 봐도 둥근 그녀의 얼굴이 아른거릴 정도였다.

고대하고 또 고대하던 첫 휴가, 그런데 그녀는 다른 남자와 함께였다.

입대 사흘 전 동문 모임에 그녀를 대동해 간 것이 화근이었다. 고향 선배가 그녀에게 마음을 품었던 모양이다. 내가 군대를 가자마자 '동생들 미팅이나 한 번 시켜주자'라며 그녀에게 접근을 했던 것이다. 그리움에 사무쳐 첫 휴가를 나왔는데, 그녀는 야속하게도 선배에게 마음이 기울어져 버렸다. 얼마나 그리워했는데, 시작도 안 해보고 끝낼 수는 없다. 나는 바로 교통정리에 들어갔고, 선배의 사과로 조용히 마무리 지었다. 화려한 첫 휴가는 그렇게 끝이 났고 나는 남자답게 그녀를 용서하기로 했다. 하지만 마음은 그게 아니었나 보다. 나는 한동안 그녀에게 입은 배신의 상처로 신음해야 했고, 결국 우리는 이별을 선택했다. 나는 태어나 두 번째로 하나님께 기도를 드렸다. '그녀를 찾게 해 달라고, 그녀만 찾아 주시면 평생 당신을 섬기겠노라'는 입에 발린 기도를 드린 것이다. 그리고 하나님은 나의 악의 없는 거짓말에 또 속아주셨다.

전역을 하고 난 뒤, 아버지의 뜻에 따라 고시공부를 시작했다. 그런데 고시공부를 시작한 놈의 손에는 법전이 아닌 프로이드와 시경, 한비자 같은 책이 놓여 있었다. 좋아하는 책속에 파묻혀 시간 가는 줄 모르고 나는 그렇게 두어 달을 한량 같은 시간을 보냈다. 그러던 어느 날, 그녀에게서 전화가 왔다.

"제대했다믄서?"

"그래. 웬일이고?"

"그냥…."

"그럼 한 번 만나제이."

그렇게 우리는 재회를 했다. 그녀와 이별하고 무수한 시간을 방황한 것이 아까울 정도로 우리는 아무렇지 않게 다시 만났다.


## 아버지와 나눈 내 인생의 첫 대화


대학교에 복학을 한 나는 본격적으로 공부하기로 마음먹었다. 그래서 고시반에 지원하여 종일 그곳에 틀어박혔다. 누구보다 치열하게 연애도 했고 평생을 함께 하고픈 여자도 만났으니 청춘사업에도 여한이 없었다. 그런데 아무리 마음을 굳게 먹어도 그녀를 향한 연정은 쉽게 사라지지 않았다. 서울과 부산이 남과 북의 거리처럼 멀게 느껴졌다. 우리는 엽서와 편지, 장거리 전화로 서로에 대한 그리움을 달랬다. 청년 김유신이 애마의 목을 벤 심정이 이해될 정도로 나는 그녀를 보고파했다.

하지만 아버지를 생각하며 마음을 다잡았다. 공부를 위해 여름방학에도 부산에 내려가지 않겠다는 굳은 결심을 할 즈음, 그녀에게 전화가 걸려왔다. '부산에 잠시 왔다가라' 라는 것이다.

"저희 아부지가 좀 보자심더."

마른하늘에 날벼락 같은 소리였다. 대학원을 졸업할 때까지는 결혼을 하지 않기로 이미 약속을 한 상태였다. 그런데 갑자기 부모님을 뵙자니 당황하지 않을 수 없었다. 무엇 때문인지는 모르겠으나, 그녀의 입장이 곤란한 느낌이었다. 부모님을 뵙는다고 해서 당장 결혼할 것도 아니고 해서 나는 초대에 응했다. 학생이라는 부담감, 예비 처가 식구들을 만난다는 긴장감의 이중고를 느끼며 그녀의 집을 찾았다. 장원급제하기 전 이몽룡의 심정이 이랬을까?

나는 어른들을 뵙자마자 신발도 벗지 않고 현관에서 큰 절을 올렸다. 장인어른은 싹싹하다며 내심 흐뭇해 하셨다. 하지만 장모님은 '키는 멀쭉하니 큰 게 우스갯소리나 해 쌌고….' 라는 말씀으로 당신의 심경을 대변하셨다. 여담이지만 장모님께서는 내가 배추장수가 되리라는 선경지명을 가지고 계셨던 게 분명하다. 그렇지 않고서 어떻게 '분명 싱거운 놈 일터이니 간 맞출 때 쓰라'며 아내의 신혼여행 가방에 소금을 넣어 주셨겠는가 말이다. 걱정과 달리 저녁 식사 시간은 유쾌하게 흘러갔다.

어느덧 집에 돌아갈 시간이 되었다. 별 일 없이 거사를 치루었다는 안도감에 한숨 돌리고 있는데 허를 찌르는 장인어른의 반격이 시작됐다.

"자네를 보니 내 맘에 쏙 드는고마. 3년이나 사귀었으니 이제 어른들 인사 시킬 때도 되지 않았나? 내 자네 부친을 한 번 뵈었으면 쓰것네."

"예? 그…. 그라서야지예. 근데 아버님, 저희 집에 아직 말씀 드린 상황이 아니라서예. 며칠만 시간을 좀 주시믄 안 되것습니꺼?"

알고 보니 이 모든 것은 그녀의 앙증맞은 계획이었다. 장거리 연애에 대한 불만과 서울 여우들에게 미래의 서방님을 뺏길지 모른다는 불안감에 나온 그녀의 비책이었던 것이다. 어쨌든 장인어른께 자신 있게 대답은 하고 나왔지만 앞이 캄캄했다. 언젠가 'WBA 라이트급 타이틀전에서 김득구 선수가 시합도중 사망했다' 라는 뉴스를 보시던 아버지께서 하신 말씀이 있기 때문이다.

"저놈은 운동이나 제대로 하지. 여자한테 한 눈 팔아서 죽은 거 아이가. 동철아 니는 알제? 내가 아는 대법관 아무개는 지리산에서 방석이 3개나 닳아 헤질 때까지 공부했는기라. 남자가 한번 맘을 묵으면 끝까지 해야 된다이. 알것제."

게다가 아버지는 그녀의 존재를 모르고 계셨다. 이야기를 어떻게 꺼내야 할지 걱정이 되기 시작했다. 당시만 해도 부자간의 공식적인 대화 채널이 없었다. 조실부모하고 자수성가한 아버지는 유년시절 제대로 된 사랑을 받아 보지 못하셨다. 그래서 상호교환적인 사랑이 아닌 일방적으로 쏟아 붓는 것이 사랑인 줄 알고 계셨다. 그런 아버지의 특성을 아는 우리 형제들은 어지간하면 부모님의 뜻을 거스르는 일이 없었다. 그런데 결혼이라는 일류지 대사를 앞두고 내가 함정에 빠진 것이다.

그녀를 보낼 것이냐, 아버지를 설득시킬 것이냐…. 며칠 밤을 뜬눈으로 지새우며 고민했다. 그러다 결국 형을 외교 채널로 활용하기로 하고 SOS를 요청했다. 그런데 이야기를 들은 형은 다짜고짜 반대의사를 표명했다. 이유인 즉, 일단 집안이 전라도고 키도 작은데다가 학력도 좋지 않다는 것이다. 하지만 결정적인 이유는 따로 있었다.

"정신 차리라! 니 군대 가고 웬 사내놈하고 남포동에서 손잡고 가는 걸 내 봤다 아이가! 내 부터 싫다. 안 된다."

"형아, 내는 형수처럼 멀대 처럼 기럭지 긴 여자는 싫데이. 키 작은 건 내 취향 아이가. 니가 델꼬 살끼가? 글고 전라도가 우때서. 지금 시대가 어 느 땐데 지역을 걸고 넘어지노. 내 정치 외교학과 다니는 거 알제. 결혼을 통해서 영호남의 화합을 추구했다카믄, 나중에 정치적으로도 발판을 마 련하기도 쉽데이."

"시끄럽다. 고마 안하나."

"형아, 여자 많이 배워 뭐하노. 그거 남자만 피곤한기라. 심장병 걸리기 딱 좋데이. 글고 그만큼 매력이 있으니 어떤 놈이 달려드는 거 아니 것노? 내는 매력 없는 여자 싫데이."

우리 형은 나의 '백치 미인론'을 이해할 만한 심미적 안목을 지닌 위인 은 아니었다. 사실 형도 아버지의 반대를 무릎 쓰고 결혼을 감행한 사람이 었다. 그리고 아버지의 반대를 이겨내는 데 내가 많은 도움을 줬다. 나는 은연중 '형도 빚을 갚으라'는 무언의 압력을 넣었다.

"형아, 니는 골치 아플 거 아나도 없데이. 그냥 '아부지, 동철이가 긴히 드릴 말씀이 있답니더.' 이 말 한마디만 하믄 된데이. 딴 말은 절대 하지 말고!"

"니 아부지 성격 모르나? 와 그러냐고 물으면 뭐라카노."

"글믄…. '여자가 있답니더.' 그 말만 해라."

이는 연착륙으로 충격은 줄이되 극적 효과를 노리고, 반대와 야단이

겹친 아버지의 일장연설을 전광석화같이 치고 빠지는 전략을 구사하기 위함이었다.

당시 아버지는 운영하시던 농장을 처분하고 낙동강 하구에서 재첩양식을 하고 계셨다. 형의 도움으로 마침내 나는 아버지와 낙동강 포구로 가는 시외버스에 몸을 실을 수 있었다. 그러나 낙동강 하구가 보일 때까지 우리는 단 한마디도 나누지 못했다. 우리는 생전 처음 겪는 낯선 분위기에 서로 쉽게 입을 열지 못하고 있었다. 무엇보다 모든 게 불리한 입장에서 어설프게 잽 한 번 잘못 날렸다가 허점을 보이고 어퍼컷으로 1회전에 KO 당하긴 싫었다. 답답하셨던지 아버지가 먼저 입을 여셨다.

"그런데 뭐꼬. 와 보자 카노?"

"…"

"보자 케먼, 뭔 말을 해야 할 거 아니가."

"아부지요. 사실 사귀는 여자가 하나 있는 데예. 좀 됐심니더."

"…"

"저거 아부지가 한번 보자 캅니더."

아버지와 나는 여자 보는 눈이 비슷했다. 나는 언젠가 키 큰 형수가 밥상을 들고 들어오자 '어지러우니 빨리 내려놓으라'고 말씀하신 것을 기억하고 있었다. 덩샤오핑 계열의 실용주의 노선을 추구하는 아버지의 취향에 맞춰, 그녀와 집안에 대한 정보를 적절히 가공하여 보고 드렸다.

“쪼개믄기 쓸만합니더.”

그리고 다소 과장된 브리핑을 시작했다. 우선 집안이 괜찮다는 것과 더는 여자에 신경 쓰지 않아도 되니 고시공부에 유익하다는 것, 그리고 아버지가 반대하시면 당장 관계를 청산하겠다고 말씀드렸다. 아버지는 별 말씀이 없으셨다. 눈치를 보아하니 한마디 덧붙여도 될 듯싶었다.

“아부지요. 5남 1녀 시집장가 다 보내는 게 어디 쉬운 일이겠습니꺼? 달라는데 있으믄 하나씩 줘버리는 것도 좋은 노후 대책 아니것습니꺼.”

“그라믄 함 델꼬 와봐라.”

이것이 남자 대 남자로, 아버지와 아들로 아버지와 나눈 내 인생의 첫 대화였다.

## 끝내 하지 못한 ‘세족식’

그런데 막상 그녀를 데리고 오자 아버지의 태도가 돌변했다. 매일 밤 그녀가 기다림에 지쳐 돌아가고 나서야 집으로 귀가하시는 것이 아닌가. 그녀는 나흘째 되는 날, 삼고초려 끝에 아버지와 마주할 수 있었다. 하지만 저녁식사가 끝나도록 아버지는 한 말씀도 없으셨다. 긴장된 분위기 속에서 저녁상을 물린 후 아버지가 입을 여셨다.

“요즘 젊은 것들은 맘이 수시변동이라…. 혹 너거들이 조타케 놓고 나중에 한다 안 한다 하는 거 아이제? 어른들 헷갈리게.”

나중에 안 사실이지만 아버지는 그녀를 마음에 들어 하셨다. ‘쪼개난 기 참 예쁘다. 김지미를 닮았다’ 라고 하셨다고 한다. 그렇게 며칠 후 양가의 상견례가 있었고 서로 덕담도 주고받으며 무사히 2차 면접을 끝냈다. 정작 사건은 다음날 새벽에 일어났다.

“동철아, 일나래이!”

아버지의 천둥소리 같은 고함 소리가 2층까지 들려왔다. 나는 벌떡 일어나 안방으로 달려갔다.

“그 처자한테 퍼떡 전화해서 오라 케라.”

“와예?”

“약혼식을 올릴라 카믄 반지를 맞춰야 될 거 아이가?”

내가 바라던 협상효과를 상회한 결과가 벌어지고 말았다. 그리고 일주일 만에 모든 게 끝이 났다. 나는 졸지에 대학교 3학년의 신분으로 약혼을 하게 되었다.


그 후 그녀는 한 달이 멀다 하고 서울로 올라왔다. 그때마다 본가에 들러 밑반찬과 조선간장을 가져왔는데, 졸업하고 자취방을 떠날 무렵 내 방에서는 조선간장이 서 말이나 나왔다. 먹지도 않을 것을 찬거리 챙겨준다는 핑계로 들고 왔던 결과였다. 그리고 마침내 나는 2년여 준비하던 고시를 과감히 포기했다. 청춘사업에 몰두하느라 제대로 공부를 하지 못한 것도 사실이지만 무엇보다 공무원은 적성에도 맞지 않았다. 늘 지시에 순종하며 자기주장도 못 펴고 사느니, 차라리 야생초처럼 사는 게 낫다는 마음으로 고시를 포기한 것이다.

그리고 가을학기 졸업을 앞둔 5월의 어느 날, 학기말 시험이 끝나자 아버지는 결혼을 서두르셨다. 아마도 내 인생이 대학입시와 연애 그리고 결혼만큼 모든 게 순조로웠으면 지금쯤 잘 나가는 벤처 CEO나 그도 아니면 최소 의원님은 되었을 것이다. 하지만 만약 그랬다면 예수님을 영접하지 못했을지도 모른다.

어찌 됐든 7년의 연애 끝에 결혼한 나는 취직도 하지 않고 한없는 신혼의 달콤함에 빠져들었다. 사랑하는 부모 형제와 그림처럼 예쁜 아내가 있는 집은 지상낙원이나 다름없었다.

그런데 이렇게 사랑해서 결혼한 우리 부부의 사이는, 매주 자체적으로 '사랑과 전쟁'이란 드라마를 찍을 만큼 시시각각 나빠지고 있었다. 앞서 말한 것처럼 하나님을 제대로 만나기 전까지 말이다.


어느 해 명절, 부산 본가에 형제들이 모였다. 그런데 평범한 담소를 나누던 중 우리 이야기가 나왔다. 그날따라 이상하게 모든 화살이 아내에게 돌아갔다. 아무리 미워도 내 사람이었다. 피를 나눈 형제라도 내 사람을 나쁘게 이야기하는 게 좋을 리 없었다. 아무 말 없이 형제들의 이야기를 듣던 내가 드디어 참지 못하고 입을 열었다.

"그래, 알았다! 양말이믄 퍼뜩 갈아 신었다!"

더는 그녀의 비방을 용납지 않겠다는 표현이었다. 내가 선택했으니 내

방식으로 해결하겠다는 선포였던 것이다. 하지만 아내가 그 주걱을 부러 뜨린 순간, 우리는 건널 수 없는 강을 건넌 것이다. 언젠가는 해바라기처럼 나 혼자 일방적인 사랑을 하나 싶어 허탈하기도 했다. 너무 사랑하는데 내 마음을 몰라주는 그녀가 야속했다. 그런데다 천성이 불같은 성격인지라 그녀에게 알게 모르게 많은 상처를 주었다. 그런데 아내의 상처는 생각보다 깊었다.


제자훈련을 받을 때의 일이다. 당시 나는 10개월의 제자훈련 기간 동안 거의 식음을 전폐한 상태로 하나님께 매달렸다. 배추가 아닌 소금 절임의 상태에서 내 스스로를 돌아보니, 참으로 천둥벌거숭이처럼 살았다는 생각이 들었다. 특히 아내에 대한 미안함이 차고 넘쳤다. 그런데 제자훈련 과정 중, '세족식'을 과제로 받았다.

사실, 나의 젊은 시절 다소 교만하고 강한 혈기는 아버지로부터 물려받은 선천적 요인이 큰 영향을 미쳤다. 하지만 아내에 대한 폭력과 폭언은 후천적으로 답습한 결과물이다. 매일 어머니에게 욕을 하시고 폭력을 휘두르시던 아버지의 모습을 보고 욕하면서 내가 배운 것이다. 평생을 어머니의 아픔을 보고 살았는데, 그 아픔을 고스란히 아내에게 전해주었다고 생각하니 참으로 부끄러운 생각이 들었다. 나는 이 세족식을 통해 아내가 받은 상처가 조금이라도 위로 받기를 원했다. 그렇게 아내와 두껍게 쌓인 벽이 조금이라도 허물어지기를 바랐다.

이미 많은 간증을 통해 세족식의 치유의 기적을 간접적으로나마 느낀

나로서는, 세족식에 대한 막연한 기대도 있었다. 아내의 발을 닦아주며 자신의 부족함을 반성하는 회개의 눈물을 흘리는 남편들과, 이런 가장의 모습을 본 아내들 역시 가슴이 뜨거워지는 치유의 회복이 일어나 어느새 부부가 함께 통곡하는 모습을 많이 봤던 것이다. 특히 많은 부부가 세족식을 통해 그동안 겪었던 갈등과 불신 그리고 오해의 장벽들을 가뿐히 뛰어넘었다는 이야기는 내게 희망을 주었다.

'그래, 오늘 저녁 아내의 발을 씻겨주며 그동안 오만불손했던 나의 모습을 반성하고, 예수님처럼 낮은 자의 모습으로 겸손을 실천하는 삶을 살아야지.'

나는 설레는 기대를 안고 집으로 향했다. 그런데 아내의 반응이 영 시원치 않았다.

"내 오늘 당신 발을 씻어줘야 한데이."

"됐어요."

"…. 제자훈련 과제인데도?"

"됐다니까는!"

아내는 끝내 내게 발을 내주지 않았다. 남편에게 발을 맡기지 못할 만큼 그동안 받은 상처가 컸던 것이다. 결국 나는 우리 교회의 신도 중에 유일하게 세족식을 못한 사람이 되었다. 솔직히 당시에는 이런 아내의 모습에 적지 않은 충격을 받았다. 도대체 내게 받은 상처가 얼마나 크기에 저리도 마음을 열지 못하나 싶어 야속하기도 했다. 과거의 잘못은 묻어두고 지금부터라도 잘 살아 보자는 마음을 먹어주면 좋으련만, 왜 그렇게 내 마음을 몰라주는지 답답했다.

하지만 얼마 후, 하나님이 아내라는 숫돌을 통해 나를 갈고 또 갈았다는 사실을 알게 됐다. 내 사람 하나에게 신의를 얻지 못하면서, 내 사람 하나도 품지 못하면서, 내 사람의 마음을 저리 아프게 하면서 다른 사람들을 어찌 긍휼히 여기고 보살피겠는가 말이다.



"아, 그동안 내가 지은 죄가 너무 커, 1회성 이벤트 같은 일로는 아내의 응어리진 한을 풀 수 없구나! 나의 모든 죄를 평생 사죄하고 토해나는 과정이 필요한 것이구나!"

그래서 나는 한 번의 세족식 대신 평생을 할 수 있는 마사지라는 우회적인 방법을 선택했다. 그 후로 나는 매일 20분씩 아내의 어깨와 다리를 주물러주고 있다. 아내의 뼛속 깊이 박힌 응어리와 한을 내 손으로 풀어주리라는 마음으로 열심히 주무른다. 단순한 마사지가 지난 세월에 대한 보상이 되겠는가마는, 그래도 언젠가는 아내가 먼저 발을 내미는 날이 오리라 믿으며 나는 오늘도 아내의 어깨를 주무르고 있다.

# 형아, 내가 니 살려줄까?

**어느 날** 친형에게서 전화가 왔다. 당시 형은 부산에서 큰 주류 대리점을 하고 있었는데 형 역시 벌이가 괜찮은 편이었다. 그런데 내가 부도가 나기 전 빌린 돈이 문제였다. 수화기 너머로 들려오는 형의 음성은 차갑기 그지없었다. 월세도 없어 쫓겨나게 생긴 판국에 피를 나눈 형제에게 그런 수모를 당하니 그 어느 때보다 마음이 아팠다. 이렇게 살아 뭐하나 싶은 것이 베란다에서 당장이라도 뛰어내리고 싶은 생각이 들었다. 사업이 잘 될 때는 서로가 도와주며 의도 좋았는데, 형편이 어려워지니 서로가 많이 예민했던 것이다. 나는 끝내 화를 참지 못하고 이 한마디를 내 뱉었다.

"남들도 이래는 안 하더라."

그런데 얼마 후, 형마저도 사업에 실패하여 부도가 났다. 자신의 아파트는 물론, 아버지의 집마저도 경매로 넘어갔다. 나는 본능적으로 '가문의 위기'라는 생각이 들었다. 나를 제외한 그 누구도 하나님을 영접하지 못한 결과, 하나님이 과감한 연단을 결정하셨다는 느낌을 받았다.

당시 형은 두 동생에게도 상당한 액수의 빚을 지고 있었다. 그런데다 당뇨병까지 걸려 7번의 대 수술을 받아야 했다. 하지만 치료약조차 사먹지 못할 정도로 형편이 어려워졌다. 이런 우리 형제를 보는 부모님의 한숨은 날로 깊어갔다. 그러던 어느 날, 새벽기도를 드리는데 '형이 죽는다'라는 느낌이 강하게 들기 시작했다. 나는 서둘러 부산으로 내려갔다. 아니나 다를까! 마침 우리 형은 자살을 준비하고 있었다. 형을 살려야 한다!

서로 형편을 빤히 아는데, 부도난 형제끼리 마주하고 앉아 있자니 답답했다. 게다가 평생을 불교신자로 지낸 형의 마음을 돌린다는 것이 말처럼 쉽지는 않았다.

"형아, 내가 니 살려주까?"

"뭔 소리고 지금?"

"형아, 니 빚이 얼마고?"

"한 5억 된데이."

"내 갚아 줄게. 하나님이 얼마나 능력이 있는지 내 가르쳐 줄게."

나는 당시 형이 겪는 아픔을 모두 이미 느낀 바 있었다. 그 순간 형에게 가장 필요한 것이 무엇인지, 어떤 말이 그에게 위로가 되는지 잘 알고 있었던 것이다. 어쩌면 지금 이 고통은 하나님이 형을 당신의 사람으로 만드시기 위해 내리는 시련일지도 모른다는 생각도 들었다. 그렇다면 더더욱 기회를 놓칠 수 없었다.


우스갯소리 중에 이런 말이 있다. 갑작스러운 홍수로 물에 잠긴 마을이 있었다. 급격히 불어난 물은 1층까지 차올랐고, 마을 사람들은 2층으로 올라가 구조를 기다렸다. 그런데 유독 한 사람만이 구조대원의 손길을 거부했다. 그는 구조대원을 바라보며 이렇게 말했다.

"하나님이 저를 도와주실 겁니다. 저는 괜찮습니다."

구조대원들은 걱정스러운 마음에 거듭 보트에 오를 것을 종용했으나 그는 끝내 오르지 않았다. 구조대원들은 하는 수 없이 보트를 돌렸다. 불어난 물은 어느새 2층까지 차오르고 있었다. 사람들은 이제 지붕 위로 올라가 구조대원의 손길을 기다렸다. 헬리콥터까지 동원된 대대적인 구조 작업이 이루어졌다. 지붕 위에 앉아 있는 그를 발견한 구조대원이 밧줄을 타고 내려왔다.

"어서 이 줄을 잡으세요. 곧 집이 물에 잠길 거예요!"

"저는 괜찮다니까요. 하나님이 저를 구해 주실 겁니다."

헬리콥터도 돌아갔다. 어느덧 그의 허리까지 물에 잠기고 있었다. 그제야 그는 불안감이 들기 시작했다. 하늘을 바라보며 하나님께 원망을 쏟아 냈다.

"하나님! 너무하십니다! 제가 그토록 굳게 당신을 믿었건만 어찌하여 저를 도와주시지 아니하나이까! 왜 저를 버리시나이까!"

그때 하늘에서 근엄한 목소리가 들려왔다.

"아이고, 답답한 인사! 내가 너에게 모터보트에 헬리콥터까지 보냈건만 네가 그 모든 손길을 거부하지 않았느냐."


그랬다. 하나님은 당시 우리 형에게 심동철이라는 마지막 구원의 헬리콥터를 보내주신 것이다. 우리 형이 모르고 지나친 무수한 모터보트 구조대 대신, 마지막 결단의 순간 그를 살리기 위해 나에게 하나님의 은혜를 실어 보내신 것이다. 문득, '평소 우리는 얼마나 많은 구원의 손길을 모르고 스쳐 지나가는 것일까?' 라는 생각이 들었다.

여호와는 너를 지키시는 이시라 여호와께서 네 오른쪽에서 네 그늘이 되시나니 낮의 해가 너를 상하게 하지 아니하며 밤의 달도 너를 해치지 아니하리로다 여호와께서 너를 지켜 모든 환난을 면하게 하시며 또 네 영혼을 지키시리로다 여호와께서 너의 출입을 지금부터 영원까지 지키시리로다 (시편 121 : 5~8)

"형아, 니 내말 잘 들어라. 예수님을 잡아야 한다. 우선 욥기…. 전도서를 읽어라. 내일부터 당장 새벽부터 교회를 가야 한데이. 형아, 니가 지금까지 잡은 것을 놓고 예수님을 잡아라! 앞으로 3개월 안에 안 죽고 살아남으려면 이 모든 걸 그대로 믿어야 한데이. 나도 그대로 믿었다.

디모데든 사도바울이든 그들이 믿었던 그대로 하나님께 올인하는게 중요하다. 절대적인 신앙이 있어야 절대적인 응답이 온다는 이야기를 형아 니는 믿어야 한데이. 가문의 부활을 지금부터 준비하는 기라!"

나는 2박 3일의 긴 대화를 통해 간신히 형의 마음을 돌린 다음 서울로 돌아왔다.

그런데 지푸라기라도 잡는 심정으로 하나님을 잡았던 형은 곧바로 신유의 기적을 체험했다. 평생을 괴롭히던 고질병인 당뇨가 하나님을 믿기 시작한지 3개월 만에 치료된 것이다. 믿을 수 없는 하나님의 능력과 역사하심을 경험한 형은 그 누구보다 열심히 교회를 다니기 시작했다.

그 순간 너무나도 역설적으로 나는 인생의 의미를 깨닫게 되었다. 숱한 실패와 좌절과 쫓김 그리고 버림받음으로 얼룩진 죽음의 계곡에서 이르러서야 비로소 진정한 하나님의 진의를 파악한 것이다.

"아! 창조주 하나님이 나를 이토록 오랫동안 소금으로 절이고, 돌로 고이고 또 여러 인생을 통하여 맵고 짠 맛이 내 몸 깊숙이 베도록 연단하신 후, 오랜 기간 동안 흑암에서 숙성시키시는 목적과 이유가 여기에 있었구나! 내 입을 통해 하나님을 증거하라는 사명이 있었던 것이구나!

그제야 나는 고통 속에서 내가 지니고 있던 모든 것들을 토해내어 버릴 수 있었다. 마치 배추가 소금에 절여질 때 품고 있던 물기를 짜내듯 그렇게 모든 것을 버렸다.

"내 인생의 변치 않는 목적은 이웃의 생명을 살리는 것이다!"

그 후 나는 누가 나를 비난하든, 희롱하든, 모욕을 주든 개의치 않고 나의 길을 걸어갈 수 있었다. 내가 분명히 가야 할 길과 나의 궁극적 목표와 나의 마지막이 어떻게 펼쳐질지 알게 되자 순간의 모든 고통을 즐길 수 있게 되었다. 뿐만 아니라 마음이 평안해졌다.


성령으로 임하신 주님께서 저희에게 주신 봄볕 같은 권능에 의지하여 예루살렘과 온 유다와 사마리아 땅끝까지 증인이 되라 하신 명령에 순종하겠습니다.

이 화창한 봄날에 '씨 뿌리는 자의 사명'을 회피하지 않게 하여 주시옵소서. 하여 성령의 단비가 내리는 이 시간부터 지난겨울 동안 추위로 돌처럼 굳었던 끝자락이 보이지 않는 심령의 밭을 찾아가 쟁기질로 고랑을 일구고, 말씀의 씨앗을 흩어 무시로 거름을 주고 한낮의 뙤약볕에서라도 김을 매어, 주가 다시 임하시는 그때까지 한시도 쉬지 않게 거둬들이게 하여 주옵소서. 결국 30배, 60배, 100배로 추수하는 놀라운 역사를 허락하여 주시옵소서.

형은 누가 시키지도 않았는데 스스로 복음을 전파하는 사역자가 되었다. 부산항을 통해 들어오는 중국 동포들에게 '한국에서 가져갈 것은 돈이 아니라 하나님'이라는 말로 그 누구보다 전도에 힘을 쏟았다. 나는 형이 전도 사역에 전력을 쏟은 그 3년의 시간만으로도 형이 이 세상에 온 의미가 충분하다고 생각한다. 그 정도로 형은 모든 것을 뒤로하고 한 영혼이라도 더 구하려고 애를 썼다. 하지만 믿음이라는 것이 자신의 의지만으로 되는 일은 아닌가 보다. 생활고에 쫓긴 형이 어느새 하나님의 은혜를 잊고 지내는 듯 보이기 시작한 것이다. 바람에 흔들리는 가녀린 코스모스의 줄기처럼 약한 게 우리의 믿음이다. '바라는 것들의 실상이요 보지 못하는 것들의 증거'인 믿음은, 결코 눈에 보이지 않고, 귀에 들리지 않으며 손에 잡히지 않기에 우리의 마음은 하루에도 열 두 번씩 흔들리고 또 뒤집힌다. 옷은 입어봐야 그 태를 알 수 있고, 신발은 신어봐야 그 편함을 알 수 있고, 음식은 먹어봐야 그 맛을 알 수 있듯이 우리 주 예수그리스도는 믿어봐야 그 진가를 알 수 있다. 나는 형에게 그 사실을 다시 상기시켰다.

이르시되 너희 믿음이 작은 까닭이니라 진실로 너희에게 이르노니 만일 너희에게 믿음이 겨자씨 한 알 만큼만 있어도 이 산을 명하여 여기서 저기로 옮겨지라

"형아, 니 그래 살믄 건강은 물론 가족 그리고 직장 등 모두 쓰나미에 쓸려 갈 수 있다. 숨 쉬는 것처럼 기도를 끊지 마라. 니 이제 애벌레 된긴데, 거기에 만족하고 제대로 안 해서 나비가 되기 전에 죽는데이. 니 인생 여기서 또 망칠끼가? 배추도 소금에 절이려면 제대로 절여야지, 절이다 말면 그건 배추도 아니고 김치도 아니라서 아무짝에 쓸데도 없데이!"

형은 내가 한 손에는 김치를 팔고 다른 한 손으로는 복음을 전하는 사도바울이 되기를 원한다. 형의 기도는 나의 절대적인 사명과도 일치하는 것이다. 우리 형제가 이토록 같은 꿈을 꾸고 같은 소망을 염원하는 일은 태어나 처음이다.

그렇게 형을 통해 우리 집안 전도 사역의 교두보를 확보한 나는 두 번째로 어머니를 공략하기 시작했다. 사실 목사님들조차 자기 부모는 전도하기 힘들다고 하는데 이는 이치에 맞지 않는다는 생각이 들었다. 일례로 생판 모르는 사람에게는 파는 김치를 내 식구, 내 가족에게 먹이지 않을 수는 없지 않은가 말이다. 그 천하보다 귀하다는 한 영혼을 버려둘 수는 없는 일이다.

이와 같이  죄인 한 사람이 회개하면 하늘에서는 회개할 것 없는 의인 아흔아홉으로 말미암아 기뻐하는 것보다 더하리라 (누가복음 15:7)

# 그냥 이렇게 살다 죽을란다

5남 1녀를 둔 우리 어머니는 종일 앉아 있는 법이 없으셨다. 방과 후에는 늘 손수 만든 간식이 우리를 기다리고 한때 아버지도 사업이 부도났을 때는, 어머니는 과감히 솜틀 공장을 차려 가족을 부양하셨다. '가지 많은 나무 바람 잘 날 없다'더니 우리 집을 두고 하는 소리였다. 어린 시절 우리 집은 언제나 전쟁터 같았고 구급 약상자는 필수품 중의 필수품이었다. 어린 시절, 막내는 내가 쏜 새총에 눈 위가 터지고 누나도 내가 쏜 화살 때문에 실명할 뻔했으며, 다섯째도 젓가락을 물고 놀다가 엎어져 그것이 뺨을 뚫고 나오는 희한한 사건이 일어나기도 했다. 특히 내 밑에 동생은 이유를 알 수 없는 소아마비로 어머니께 마음고생을 많이 시켰다. 병원에서도 포기한 상태였지만 강 씨 성을 가진 어머니의 특유의 집념과 고집으로 끝내 완치시키셨다. 누나는 중학교 때 폐결핵으로, 막내도 몸이 약해 학교를 1년씩 휴학하는 일도 있었다.

평생을 사건사고 속에서 사셨지만, 어머니의 얼굴에서 미소가 떠나는 날이 없었다. 평생 웃음에 인색했던 우리 아버지와는 정 반대의 모습이셨다. 초등학교 문 앞도 못 가보셨다는 아버지와 달리, 어머니는 면장까지 지내신 외할아버지 덕택에 초급대학 수준의 교육을 받으셨다. 그 어려운 시절, 아이들을 제대로 키워야 한다는 생각에 식품영양학까지 독학하실 정도로 현명하신 분이다. 예의가 발랐으며 인정이 많으셔서 항상 이웃과 나누고 사셨다. 큰 배 작은 배 할 것 없이 찾아오는 모든 배를 가슴으로 품는 부산항을 닮은 어머니셨다. 나는 그런 어머니를 뵐 때마다 전도를 하기 위해 슬쩍 이야기를 꺼냈다.

"어무이요. 교회 좀 가이소."

"니 아부지 땜에 몬 간다."

"아부지요, 어무이 교회 가게 해 주이소. 교회 나가믄 몸을 움직이니 건강도 좋아지지요… 이 나이에 바람 날 일이 있것습니까, 뭐가 걱정인교? 어무이 교회 보내 주믄 생활비 10만 원 더 보태드릴께예."

"싫다. 니나 실컷 다니라."


"아부지, 맨날 사람이 밥만 먹고 사는 게 아니고 도리를 해야 한다고 하시잖아요. 그 말씀이 성경에도 있습니더. 십계명에 보믄요. '네 부모를 공경하라' 그래 돼 있다 안 합니꺼. 나쁜 거 하나도 없어예.

아부지. 어머니 건강을 위해서나 형제들을 위해서나 교회 다녀야 합니더. 아부지도 귀신 있는 거 알지예? 매일 정화수도 떠 놓고 장독대 귀신한테 절 하잖아예. 근데 귀신도 급이 이을 거 아임니꺼. 산에 산신령이 있고 물에 물귀신이 있고 그 젤 위에 왕이 있단 말입니더. 그 왕초가 하나님이라는 건 절에 있는 스님들도 압니더. 갑자기 막 폭풍치고 그라믄 나도 모르게 '아이고, 하나님 살려주이소' 하잖아예. 그럼 인정하고 그 양반한테 힘을 얻어야 하는 거 아닙니꺼?"

77세 되신 어머니와 80세가 넘으신 아버지의 이해를 돕기 위해, 나는 그분들의 눈높이에 맞게 설명해 드렸다.

사실 평범하게 교회를 다니다가도 어머니의 연세가 되면 교회의 원로가 돼서 집에서 조용히 성경 보시는 분들이 많아진다. 그런데 원로 뺄 되는 어머니를 자꾸 밖으로 끌고 나가려고 하니 두 분의 저항이 만만치 않았다. '이미 늙었는데 그냥 이렇게 살다 죽을 란다'라며 버티고 또 버티셨다.

험한 언덕을 오르기 위해 가장 먼저 해야 할 일은 천천히 걷는 것이다. 몸을 풀어야 긴 산악 코스를 무리 없이 마칠 수 있다. 스키를 예로 들어보자. 처음 스키를 배우려면 경험이 풍부한 사람에게 도움을 받아야 한다. 그리고 준비운동을 하는데 이를 하지 않으면, 균형을 잃고 넘어졌을 때 몸의 근육이 경련을 일으키기 쉽다. 준비운동은 근육의 혈액순환이 원활히 이뤄지도록 도움을 주는 것이다. 이런 과정을 거치고 나면 비로소 부츠를 신고 벗는 방법, 폴을 바르게 쥐는 방법, 넘어진 후 일어서는 방법 등을 배우게 된다.

믿음도 마찬가지다. 믿지 않는 사람들은 경험이 풍부한 하나님을 믿는 사람에게 도움을 받아, 하나님을 알기 위한 준비운동을 해야 한다. 평생을 살아온 신념과 믿음이 깨지는 충격을 받아 균형을 잃고 넘어지면 자아가 경련을 일으키기 때문이다. 이 준비운동은 하나님의 말씀을 원활히 받아들일 수 있도록 도움을 준다. 이런 과정을 거치고 나면 비로소 범사에 감사하는 방법, 쉬지 않고 기도하는 방법, 항상 기뻐하는 방법 그리고 주의 뜻대로 사는 방법을 배우게 되는 것이다.


나는 평생을 불교신자로 살아오신 어머니와 아버지가 최대한 자연스럽게 주님을 영접할 수 있도록 조금씩 천천히 보름간의 설득에 들어갔다. 그리고 드디어 아버지의 허락이 떨어졌다. 하지만 우리 아버지의 마음을 움직인 말은 단 하나 '생활비 10만 원 추가'였다.

예수 모시면서 부모를 욕되게 하는 사람도 있고 부모를 따르려면 예수를 버려야 하는 사람도 있다. 이는 얼굴이 다르듯 주님께서 각 가문마다 준 색깔이 다른 것이다. 보통은 다른 가정들은 모태신앙이라는 'top-down' 방식으로 물 흐르듯 자연스럽게 위에서 아래로 내려가는 신앙의 형태를 띠는데, 이상하게도 우리 집은 전부 늦게 부르셨다. 35세에 주님을 만난 나를 통해 신앙이 아래서 위로 흘러가게 만드신 것이다. 그래서 이 믿음이 더 가치 있는 것일지도 모른다.

## 푸른 바다를 향한 사부곡(思父曲)

평온한 어느 주일 오후, 교회를 다녀와 느긋한 마음으로 앉아있는데 부산에서 한 통의 전화가 걸려왔다. 부모님이 교통사고를 당했다는 급보였다. 나는 손마디가 하얗게 저리도록 수화기를 꼭 잡고 놓을 수가 없었다. 그것이 마치 부모님의 생명줄이라도 되는 것처럼….

어린 시절, 형제들의 시기를 받을 정도로 유독 나를 편애하셨다. 나는 보이지 않는 아버지의 믿음에 보답하고자 어지간하면 부모님의 말씀을 거르지 않았고, 당신의 뜻대로 자라는 아들을 보며 아버지는 참 뿌듯해 하셨다. 그런데 어찌 된 일인지 성장할수록 당신의 뜻과 반대로 나가는 아들이 참으로 야속하셨을 게다.

특히 IMF 부도 후부터 나와 우리가족의 일상들은 뒤죽박죽되었다. 앞서 말한 것처럼 당시 나의 삶은 죽음과 다른 게 없었다. 육신은 살아있으나 아무것도 할 수 없는 '코마 상태'에 빠져있었다. 근 2년여의 시간을 기도와 묵상으로 지난 삶을 되돌아보며, 현재의 위기를 통해 하나님이 주시는 교훈을 깨닫는 것과, 자비하심을 구하는 것 이외는 할일이 없었다. 매일 걸려오는 20~30여 통의 협박 전화 때문에 가족 모두가 마른 낙엽처럼 부서지기 일보 직전이었다. 정말이지 내 숨이 턱 끝으로 차오르는 순간에서 주위를 둘러볼 여유는 없었다. 그래서 나는 스스로 '사업이 망한 아들'이라는 면죄부를 만들어 놓고, 부모님도 등한시하고 있었다. 그러던 어느 날, 부모님이 대형교통사고를 당하는 일이 벌어졌다.

사고가 난 그날도 주일이었다. 그때까지 교회를 다니지 않으신 아버지는 혼자 바다에 나가기 적적하셨든지, 기어코 교회에 가겠다는 어머니를 모시고 바다로 향했다. 그런데 버스 기사가 졸음운전을 하여, 앞 차를 들이받는 사고가 일어난 것이다. 30명의 승객들이 중상을 입은 대형사고였다. 어머니도 많이 다치셨지만 아버지는 갈비뼈와 골반이 으스러져 내려앉았고, 머리와 안면을 크게 다쳐 이빨까지 부러질 정도로 심각한 상태였다. 아버지는 이 사고로 인해 3개월간 입원과 1여 년간의 통원 치료를 받으셨다.

　형으로부터 사고 소식을 전해 들었지만 나는 당장 부산에 내려갈 차비도 없었다. 다행히 처갓집에서 마련해준 위로금을 간신히 부산으로 내려갈 만큼 참담한 상태였던 것이다. 나는 지금도 그때를 생각하면 가슴이 아린다. 쫓기고 있던 몸인지라, 부모님을 찾아뵙는 것은 고사하고 병원비조차 보내 드리지 못하는 불효를 저질렀기 때문이다.

　무심한 시간은 흘러흘러 1년이 지날 즈음, 형에게서 부모님의 합의 소식을 들었다. 사고 후유증에서 완전히 회복되지 않은 상태에서 합의를 하셨다는 것이다. 듣자하니 합의금도 두 분의 정신적, 육체적 고통에 비해 그리 많은 금액은 아니었다. 도대체 무엇 때문에 이렇게 빨리 합의를 했나 걱정스러웠다. 하지만 철없는 아들은 부모님의 그 깊은 뜻도 모른 체 단순히 '버스회사에서 합의를 종용하고 병원에서도 눈치가 보여서' 서둘러 일을 종결지었다고 생각했다.

　그런데 며칠 후, 어머니에게 전화가 걸려왔다.

　"동철아, 니 아부지 모르게 전화하는 기다. 내 말 잘 듣거래. 아무개한테 빌린 돈 있제? 그거 니 아부지가 다 갚았다."

　쿵! 심장이 바닥으로 내려앉았다. 우리 부부가 가까운 이로부터 빚 독촉을 받는 것을 보신 아버지가 병든 몸으로 마음을 졸이시다가, 합의금인 '핏 값'으로 아무도 모르게 그 빚을 갚으셨다는 것이다.

사실, 부도가 난 후 무일푼 신세인 나는 부모님께 사글세 보증금이라도 얻을 심정으로 부산을 찾은 적이 있었다. 하지만 나의 구차한 변명 앞에 아버지는 "형제들조차 니를 똥 묻은 개처럼 피할끼다!"라는 매몰찬 한마디만 던지고는 방문을 닫아 거셨다. 그 후 나는 다시는 부산 땅을 찾지 않으리라 결심했다. 어떻게 인간이 이렇게까지 한심할 수 있는지…. 나 자신에 대한 실망과 부모님께 죄송한 마음으로 눈물이 터져 나왔다. 속 좁은 아들의 회한의 눈물이었다.

사실 아버지의 사고도 따지고 보면 나 때문에 일어난 것 아니던가. 당시 아버지는 나의 사업이 어려워지는 것을 직감하시고는 매일 태종대 앞 바다로 출근을 하셨다고 한다. 아버지는 바다를 바라보며 생의 고단함을 쓴 소주 한 잔과 함께 털어버리고 계셨던 것이다. 하지만 우리 형제들은 부모님 관절 마디마디가 꺾이고 등골이 휘는 것을 보면서도, 다들 제 살기 바빠 그 늙은 어깨에 염치없이도 주렁주렁 매달려 있었다.

어머니로부터 걸려온 그 한 통의 전화는 나를 어리석음의 결박에서 풀어 주었다. 지금 이 시간에 흐르는 눈물은 바로 푸른 남쪽 바다 곁에 두고 온 아버지를 향한 나의 사부곡(思父曲)일러라. 예수님이 십자가 위에서 흘리신 보혈이 없었더라면, 나는 여전히 사망의 골짜기에서 벗어나지 못했을 것이다. 아버지의 그 초월적인 사랑이 없었더라면 나는 이미 모든 것을 포기했거나, 폭풍처럼 밀려오는 시련들을 견디지 못하고, 재기의 소망을 내팽개쳤을지도 모른다.

나는 비로소 아버지와 하나님의 사랑이 같다는 사실을 알았다. 나와 늘 함께 있지만 당신 뜻대로 어쩌지 못하고 무작정 기다리며 바라볼 수밖에 없는 무한대의 사랑임을 깨달은 것이다. 그 사랑은 강제로, 완력으로, 억지로 돌아오게 하지 않는다. 달이 차면 기울 듯 순리에 따라 스스로 깨닫고 돌아올 때까지 그렇게 잠자코 기다리시는 것이다. 아들이 돌아오길 기다리는 그 시간동안 비록 초가삼간 오두막일지라도 잠자리를 보듬어 놓고, 넓고 따뜻한 마음으로 품어주기 위해 미움과 원망을 바다에 던지고 또 던지는 그런 사랑인 것이다.

아, 그리운 아버지 너무도 보고 싶습니다.


## 천국행 기차여행을 통한 다섯 가지 깨달음

아침 9시, 주일 예배를 마친 나는 부리나케 서울역으로 향했다. 구정이 코앞인데 아직 고향 가는 기차표를 구하지 못했기 때문이다. 그 주, 두 번씩이나 서울역을 찾았지만 헛걸음을 한 나로서는 내심 초조할 수밖에 없었다. 나는 부도 이후 홀로 고향에 내려가는 일에 익숙해져 있었다. '제발 표는 구할 수 있어야 할 텐데…'

두어 시간 반환표 창구 앞을 굶주린 하이에나처럼 서성인 결과, 2시 15분 서울발 부산행 입석표를 구할 수 있었다. 그것이 바로 '천국행 기차'가

될줄은 꿈에도 몰랐다. 비록 5시간의 짧은 여행이었지만 그 시간을 통해 나는 다시 한 번 사명을 자각하고, 복음을 전하기 위한 인생 최대의 선물을 얻었다.

아내가 예배를 마치고 집으로 돌아올 시간이었다. 나의 사냥감은 초라했지만, 그래도 포획한 게 어디냐 싶어 아내에게 자랑하듯 전화했다.

"여보, 나 표 구했데이. 그란데 입석이다."

"그러면 빨리 식당칸으로 튀소!"


JQ(잔머리 지수)가 너무 높아 가끔 나의 발목을 잡는 그녀였지만 이번 훈수만큼은 그런대로 쓸만했다. 플랫폼을 빠져나온 나는 '총알탄 사나이'처럼 100미터를 내리질러 식당 칸에 올랐다. 그런데 무슨 일인지 철도청 직원 외에는 아무도 없었다. 모든 좌석이 나의 선택을 기다리며 텅 비어 있었던 것이다. 학교 졸업 후 수십 년 만에 해본 1등이었다. 나는 제일 좋아 보이는 창가의 2인용 하프라운드 식탁에 자리를 잡고 기쁨의 기도를 드렸다.

"오, 주님. 제게 이 자리를 허락하시다니…. 부디 부산에 도착할 때까지 편안히 갈 수 있게 도와 주십시오."

짧은 기도를 하는 동안 곁에 서 있던 할머니 한 분이 기다리셨다는 듯 물었다.

"젊은이, 여기 자리 있수?"

"잽싸게 앉으이소. 이런 건 식기 전에 묵어야지예."

나는 주변을 살피며 대답했다. 이미 다른 좌석에는 이런저런 인생들이 시장 바닥에 좌판을 펼치듯 자리를 잡기 시작하고 있었다. 사실 할머니에게 자리를 권하긴 했지만 그리 좋은 기분은 아니었다. 교회에서 운영하는 '어르신 대학'에서 영어 강의를 맡은 후, 할머니 파트너만 연속 15안타! 평소에는 성령의 감동에 눈이 멀어 괜찮았지만 오늘 만큼은 그럴 기분이 아니었다. 나는 창밖으로 약한 눈발이 휘날리는 것을 보며 주섬주섬 책을 꺼내 들었다. 열차는 이미 수원을 지나고 있었다.

"주문하셔야죠?"

웨이터의 목소리는 단정했으나 눈매는 매몰찼다. 여름 한 철 물가에 자리 잡고 한목 보려는 장사꾼의 그것처럼 느껴졌다. 주머니 사정만 좋았어도 할머니의 식사까지 챙길 수 있으련만, 당시 나는 누구를 배려할 처지가 못 되었다. 왕복 교통비 15만 원, 조카 세뱃돈, 부모님 선물, 친구들과의 모임 회비 등 그 많은 것을 해결하라고 아내가 준 결핍한 예산으로 무척이나 지갑이 얇은 상태였기 때문이다. 나는 조용히 한 개의 도시락을 주문했다.

"할머니는요?"

웨이터가 다그치며 물었다. 하지만 분위기를 파악하지 못한 할머니는 '점심을 먹고 왔다'라고 순진한 대답을 남기셨다.

"자리셉니더. 하나 사서 식탁 위에 올려 두이소. 편히 가실라믄…."

보다 못한 내가 훈수 아닌 훈수를 두자, 할머니는 힘없이 지갑을 뒤적이며 도시락과 귤 한 봉지를 주문했다.

기차 안은 이미 캔 맥주 뚜껑을 뜯는 사람, 허공을 바라보는 사람, 길바 닥에 박스를 깔고 앉은 사람, 허기진 송골매가 먹잇감을 찾듯 뚫어지게 자 리가 나기를 기다리는 사람들로 가득 차 있었다. 그런데 갑자기 할머니께 서 '이빨이 시어서 못 먹는다'라며 내 앞으로 귤을 내미셨다. 5개 들어 있 는 귤 봉지에서 3개씩이나 꺼내주신 것이다.

"고맙심니더. 잘 먹겠심니더. 할무이."

감사한 마음으로 받으면서도 잠시나마 인색했던 나 자신이 부끄러워 졌다.

"젊은인 어딜 가우?"

"설이라 부모 형제 뵈러 고향에 갑니더. 할무이는예?"

"내는 서울 여동생 집에 머물렀다가 부산 집에 돌아가는 길이제. 그런 데 설 연휴가 끼어서 입석표조차 못 구할 뻔했다 아이가. 그런데 가족은 어디 두고 혼자 고향을 가누?"

"그래 됐심더. 집사람하고 딸 둘은 일산 집에 있어예."

"어지간하면 같이 가지 않고….."

이 부분에서 난 선뜻 대답을 못했다. 불현듯 나와 가족을 죽음의 고통 으로 몰아가던 기억들이 떠오르자 가슴이 답답했다.

"마누라하고 아들은 아직 고향 갈 처지가 못 됩니더. 그 놈의 IMF 때문 에 나라 경제도 망가지고 지도 부도 나서 알거지 되뿌고…. 완전 죽일 놈 됐다 아임니꺼."

"자네도 죽을 고생 많이 했는갑제?"

"아고, 말도 마이소. 사방에서 돈 내놓으라고 난리도 아니었어예. 울 아부지조차 '니는 인자 끝났데이. 똥 묻은 개하고 같으니께…. 형제들이 구박하고 싫은 소리해도 맘 단단히 무라' 하셨습니다. 처갓집도 찬바람이 싹 도는기…. 사람대접도 못 받지예. 한 2년 도망댕겼습더. 마누라는 못 가도 혼자라도 갈 수 있어 다행이라예."

할머니는 애처로운 표정을 지으며 한숨을 내쉬었다. 그때서야 나는 할머니의 안경너머로 눈꺼풀이 맥없이 껌벅거리는 것을 느꼈다. 입술 근육도 간헐적으로 떨리고 있었다. 하지만 상황파악을 제대로 하지 못한 나는 한 술 더 뜨기 시작했다.

"말도 마이소. IMF 때문에 한 20만 명 죽었다 카지예. 길거리에서 얼어죽은 놈, 사업 망해서 자살한 놈, 직장 쫓기 나와서 동반자살한 가족, 이혼해서 풍비박산 된 가정들…. 세상에 안 알려져서 그렇지 참 억울하게 간 사람들 참 많십니더."

그런데 무슨 일인지 할머니는 어두운 표정으로 대답이 없으셨다.

"그라도 지는예 교회 댕기믄서 많은 도움 받았심더. 인자는 교회를 옮겼지만 옛날 댕기던 교회에서도 내가 부도 났다카이께, 생활비 하라고 교회식구들이 돈도 갖다 주고예. 자기 물건 팔아 쓰라고 물건도 갖다 주고예. 기도도 마이 해주고 해서 큰 힘이 됐심더.

지금 댕기는 교회에서도 우리 마누라 집에 없으면 아들 불러 저녁밥 해 먹이고, 기도도 해주지예. 나중에 돈을 3백만 원이나 집으로 안 갖고 왔십니꺼. 그래서 내가 이거 뭐냐고 물으니까 교회에서 철야기도 하고 엎드리 자는데, 예수님이 나타나서 그렇게 시키더라 안 캅니꺼. 지 어려운 사정 들어 주고 기도해 주고 위로해준 사람이 한둘이 아입니더. 그래서 용기를 갖고 재기의 발판 마련했다 아입니꺼.

그런데 할무이 어디 아픈교? 아까부터 얼굴이 달달 떨리는 것 보니까 영 보기가 안 됐네예.”

“자네는 그래도 주변에서 도와주는 사람이 그리 많아서 다행이고마는…. 내는 심장병에 당뇨, 신부전증하고 중풍이 와서…. 이제는 정신까지 혼미하다 안하나….”

나는 걱정스러운 마음에 병원은 다니고 계신지 물었다. 다행히도 할머니는 보건소에서 약을 타드시고 계셨다. 덕분에 조금씩 차도가 있긴 했지만, 의사가 이 병은 약으로 치료되는 병이 아니니 혼자 있지 말고 사람들과 어울리라고 했다는 것이다.

“집에 할아부지하고 애들은 없어예?”

“6.25에 부산으로 피난 와서 영감은 오래 전에 저 세상 가셨고, 내가 자식 둘을 키웠제. 그런데 둘 다 장사하다 IMF때 망해서…. 큰 놈은 빚에 쫓겨 댕기다가 맴이 약해서 결국 약 먹고 죽었데이.”

예상치 못한 말에 난 당황했다. 그리고 죄송한 마음이 들어 할머니의 눈을 쳐다봤다. 그런데 할머니의 눈은 이미 오래 전에 말라버린 우물처럼 메마르기 그지없었다.

“둘째 놈도 몇 년을 집구석에서 처박혀 술 먹고 자빠져 있다가…. 이제 겨우 밤에 술집 댕기는데, 편한 직업이 못 되는기라. 처음부터 길을 잘 들었어야 했는데. 내 병은 홧병인기라."

순간 나는 무엇에 얻어맞은 듯 정신이 바짝 들었다. 오다가다 만난 우연이라 생각할 수가 없었다.

"어무이, 죄송합니더. 제가 괜스레 이야기를 해갖고 마음만 아프게 해드렸네예. 어무이, 그라지 말고예. 주변 사람 따라서 교회 한 번 댕기 보이소. 가믄 밥 주지예, 친구 있지예….우리 교회는 노인들 모아 갖고 '어르신 대학' 이란 것도 맹글어 가지고 노래도 가르치고 컴퓨터랑 영어도 가르쳐 줍니다. 이거는 제가 어르신들을 위해 만든 영어 책인데 함 보실랍니꺼? 원래는 3000원 받아야 하는데 오늘 어무이 맴을 건드렸으니까 공짜로 드릴게예. 버리지 말고 심심할 때 읽어 보이소. …. 이 칫솔은 우리 교회 집사님이 만든긴데 직입니더. 꼭꼭 누르면 치약이 소올솔 나와서 여행 댕길 때 쓰면 참 좋심더."

나는 주섬주섬 가방에 있는 것들을 꺼내 들었다.

"아고마, 미안하게 뭘 이래 자꾸 주는교?"

"지도 다른 사람들한테 공짜로 많이 받았심더. 그라고예, 혹 교회 가실라믄 지한테 전화 함 주이소. 내 아까 명함 드렸지예? 교회도 아무 사람 따라 아무 교회나 가믄 큰일 납니더. 내가 우리 목사님한테 물어보고 가르치 주끼예.

그라고 지금부터 집에서라도 기도하시야 됩니더. 먼저 어무이 자신을 위해 기도하고, 막내아들의 장례에 대해서 밥묵을 때마다 기도하고 생각날 때마다 기도 하이소. 저 위에서 안 보는 것 같아도 다 보고 계심니더."

"자네를 만나 내 오늘 큰 위로를 받는구만."

"무슨 말씀을예. 어무이 기도도 신앙생활도 다 자기 정성입니더. 오늘 이렇게 만난 것도 우연이 아니라예. 다 하나님께서 준비해 놨다가 필요할 때 부른거 아입니꺼."

"그라도 내가 벌써 74살인데, 이 나이에 교회가믄 다른 사람들이 욕하제. 저 할매가 죽을 때 다 되서 지옥 안 갈라고 인자 오는갑다… 해서."

"아입니더. 예수님하고 함께 못 박히던 강도가 '지금 회개하고 믿어도 됩니꺼' 하고 물으니까, 예수님께서 '오늘 나와 함께 낙원을 거닌다' 라고 했다 아입니꺼. 하늘문은 아무 때나 아무한테나 열려 있습니더."

생전 처음 젓가락질을 배우는 아이들은 낯설고 서툴고 불편하다는 이유로 포크나 수저로 밥을 먹겠다고 떼를 쓴다. 하지만 그 잠깐을 불편함을 감수하면 평생을 편하게 음식을 먹을 수 있다. 뭐든 처음이 어려운 것이다. 나는 그런 생각으로 열심히 할머니를 설득하기 시작했다.


어느덧 기차는 부산역에 도착했고 나는 아쉬움을 뒤로한 채 할머니와 작별을 고했다. 하지만 아쉬움도 잠시, 나는 어느새 형제들과 명절 보내랴, 친구들 만나서 밀린 이야기 나누랴 할머니를 까맣게 잊어버리고 있었다. 그리고 금요일 오후 서울로 귀경했다.

그런데 주일 아침 예배시간, 찬송을 부르는 순간 갑자기 그 할머니의 얼굴이 떠오르면서 하염없이 눈물이 쏟아져 나왔다. 알 수 없는 눈물이 멈추지를 않았다. 그렇게 주일이 지나갔다. 다음날 새벽, 몸이 피곤해 새벽기도를 가지 않고 누워서 뒤척이고 있는데 다시 그 할머니 얼굴이 떠올랐다. 그런데 또 다시 나도 모르게 솟아오른 눈물로 베갯잇을 적시고 있었다.

"도대체 왜? 나와 별 관계없는 할머니가 이토록 뇌리에서 지워지지 않는 것일까? 하나님께서 내게 눈물로 일깨우시려는 게 무엇일까?"


그 짧은 만남을 통해 하나님께서 나에게 무엇을 깨닫게 하시려는지 알아 낸 것은 다음날 새벽 기도 시간이었다.

첫째, 나의 고향이 부산이듯 사람의 영혼도 누구나 떠나온 곳이자 마지막으로 돌아갈 본향이 있을 것이다. 그곳이 곧 사망의 문을 통해 들어갈 영원의 나라이며 믿는 자에게는 천국이다. 그곳이 바로 내가 가야할 인생의 목적지다.

둘째, 나는 IMF로 사업에 실패하여, 부모 형제에게도 큰 부채를 지게 했다. 빚진 죄인의 신분으로 인해 명절이라고 해도 자유롭게 부모님을 찾아 뵐 수 없었다. 이는 원죄로 인하여 에덴동산에서 쫓겨나와 일상의 고통에 던져진 아담과 이브의 인생과 별반 다를 것이 없었다.


내가 죄악 중에 출생하였음이여 어머니가 죄 중에서 나를 잉태하였나이다

(시편 51:5)

셋째, 내가 귀성인파가 구름떼같이 몰려 있는 서울역 반환 창구 앞에서 정오쯤에서야 입석표나마 구한 것은, 35세 즈음에 예수님을 만났던 구원의 기쁨과 흡사하다. 아직 때를 못 만나 세상 가운데서 시름하고 있는 우리 형제들 가운데 유독 나만 하나님의 은혜로 인생의 절반을 살아온 나이에 예수님을 만나 천국행 열차를 탈 수 있었던 것이다.

넷째, 내 능력으로야 입석표도 감지덕지한 마음으로 구했을 것이고, 당연히 많은 피로를 쌓으며 5시간이나 서서 갈 수밖에 없었을 터였다. 그럼에도 불구하고 하나님이 아내를 통해 보내신 지혜로 편하게 고향으로 내려갈 수 있었다. 나아가 할머니를 만나 축복에 대한 이야기를 나눌 수 있었던 모두 하나님의 은혜이다.

다섯째, 고향에 내려가는 5시간을 할머니를 만나 유익하게 보낼 수 있었던 것은, 하나님이 나와 우리 가족과 함께 동행하시며 주신 축복과 은혜를 나누며 살라는 메시지로 다가왔다.

나는 이 '천국행 기차'를 통해 말씀을 널리 전하기 위한 사명을 실현하기 위해, 복음전도를 위한 '4아전략(4As' Strategy)'를 세울 수 있었다. 즉 '아무에게나(Any body), 아무 장소에서나(Any where), 아무 시간에나(Any time) 아무 방법으로나(Any how)' 전한다는 것이다. 하나님은 이 전략을 통해 자살 직전의 우리 형을 살려냄은 물론, 84세의 아버지를 전도하는 놀라운 기적을 경험하게 하셨다. 더불어 진정으로 하나님의 등불을 비추는 사람으로 거듭나게 하셨다.

어떤 이는 전능하신 하나님께서 왜 이런 혹독한 겨울을 만드셨나? 또 어떤 이는 우리를 그토록 사랑하시는 하나님께서 겨울을 이리도 오랫동안 허락하시는 이유는 무엇인가? 또 어떤 이는 내가 과연 이 엄동설한에 살아남아 따스한 봄을 맞이할 수 있을까? 하며 암울한 골방에서 주님을 원망하고 의심하며 두려워하고 있을지도 모릅니다.

저는 약하디 약하여 주님을 믿고 의지하면서, 마지막에 천국 갈 것을 믿어 의심치 않으면서도…. 언제나 하나님을 완전히 의존하지 못합니다. 우리는 잠시 동안의 추위와 고독과 배고픔도 견디지 못하고 눈앞에서 벌어지는 유혹에 쉽게 휩싸이나, 오래전 주님의 약속의 말씀에는 견고히 서지 못합니다.

저는 바람에 흔들리는 겨울 나뭇가지같이 강퍅합니다. 심지어 바람에 날리어 구르다 몰골이 쇠하여, 주님께서 지난봄과 여름 그리고 가을에 베푸신 풍성한 축복을 기억조차 못하는 낙엽마냥 어리석기까지 합니다.

주님. 마른 잎같이 빛바래고 살짝만 손대도 으스러질 것 같은 이 연약한 믿음을 용서하여 주시고 긍휼히 여겨 주시옵소서.

주님의 긍휼에 힘입어 이 겨울 무얼 먹을까, 무얼 입을까, 어떻게 이 추위를 견딜까 근심하는 우리들이 세상의 어느 영광보다 화려한 주님의 은혜와 사랑을 깨닫게 하여 주시옵소서.

지금 비록 혹독한 겨울 같은 인생의 고난가운데 처해있을지라도,

제가 이 추운 겨울을 견디고 봄을 맞이할 즈음, 언제나 하나님께서

저를 회복시켜주신다는 담대한 믿음을 증거하게 하여주시옵소서.

❶ 대변 방파제에서 군대생  ❷ 어릴 적 남동생 셋과 함께 뒷동산에서  ❸ 사무실에서
❹ 저자가 직접 쓴 '서바이벌 생' – 기도하는 모습을 닮음  ❺ 아버지 어머니의 다정한 모습
❻ 기적의 김치상품권  ❼ 춘천옥할매김치 명품세트(3종)  ❽ 여러 김치 종류들

# Chapter 4

# 김치가 곰삭은 맛을 내기 위해서는
# 깊은 맛의 **발효**시간이 필요하다

# 수신을 위해 골프채 하나를 갈아 없애다

행신동 사글세 아파트에 칩거를 시작한 후 하루 일과는 뻔했다. 새벽에 일어나 기도와 독서를 한 후, 깊은 묵상을 통해 내 인생의 시스템 에러를 발견하고 점검하며 앞으로 발전 방향을 생각했다. 하지만 이런 나의 묵상은 새벽부터 빚쟁이들의 독촉 전화로 깨지기 십상이었다. 답답한 심정을 풀 곳이 없던 나는 자전거로 동네 한 바퀴를 돌며 분을 삭였다. 이처럼 다람쥐 쳇바퀴 도는 듯한 단순한 생활이 몇 년 째 이어지고 있었다. 하지만 어김없이 계절은 바뀌어 봄이 찾아왔다. 어느새 봄은 찾아와 뒤뜰의 잔디가 푸릇푸릇 돋아나고 있었던 것이다.

"그래, 보잘것없는 잡초도 다시 일어서는데…. 하나님께서 다시 나를 부르시는 날이 있을 것이다. 소망이 다시 곧 찾아올 것이다!"

그렇게 아득하고 희미한 기대로 하루를 열던 어느 날, 충견 '예삐'와 함께 잔디밭으로 산책을 나갔다. 그런데 막 돋아나는 잔디를 보자 어느 책에서 읽었던 골프 일화가 떠올랐다. 조지 홀이라는 미군 장교의 이야기였다.

조지 홀은 월남전에서 포로가 되어, 무려 6년 3개월이라는 시간을 수용소에서 보내야 했다. 기약 없는 나날들을 보내던 그는 무료한 시간을 알차게 보낼 수 있는 기가 막힌 아이디어를 하나 생각해 낸다. 이름하여 상상 골프 게임! 월남에 오기 전 골프에 흠뻑 빠져 있던 그는 아름다운 고향의 골프 코스를 머릿속에 그리며 매일 한 라운드 이상을 돌았다고 한다. 대충 꺾어 만든 나무 골프채를 들고 끊임없이 스윙 자세도 교정했다. 그렇게 상상 골프를 통해 무려 4천 라운드를 돌게 된다.

마침내 포로 생활에서 벗어나 고향으로 돌아온 그는 귀환 직후, 우연히 참가한 '뉴올리온스 골프 토너먼트'에서 완벽에 가까운 게임을 펼치며 당당히 우승을 차지했다. 비결을 묻는 동료에게 그는 '골프가 나의 생명을 구했다'라는 대답을 내놓았다.

아리스토텔레스는 '자신의 머릿속으로 생생하게 그리면 우리의 몸은 그 상상을 현실화시키려는 방향으로 조절된다'라는 말을 했다. 간절히 원하면 이뤄진다는 말도 있다. 운동선수들의 이미지트레이닝이나 플라시보 효과와 같이 긍정심리학의 중요성은 이미 여러 차례 증명된 바 있지 않은가. 그래, 긍정의 힘을 믿어보자!

네가 큰일을 행하겠고 반드시 승리를 얻으리라 (사무엘상26:25)

사실 나도 골프를 무척이나 좋아했다. 부도가 나기 전에는 집 근처 드라이빙 라운지에서 주워온 헌 골프공을 들고 매일 뒷산에 혼자 연습하러 가곤 했었다. 수확이 끝난 파밭으로 공을 날려 칩샵 연습을 했고, 100여 미터 떨어진 계곡 건너 배드민턴장으로 공을 날려 안착시키는 고난도의 쇼트 게임을 연마했다. 아무튼 그때도 동네 사람들 눈에는 시답지 않게 보였을 만큼 '산중 나 홀로 골프'에 몰두하였다. 원래가 남에게 배우는 것을 싫어하는 성격이라 혼자 공부한 것이다. 물론 비용이 들지 않는 장점도 무시는 못했다. 덕분에 드라이브는 못 쳐도 쇼트 게임은 능한 실력이 되었다.

왜 미처 그 생각을 못했을까! 그날로 나는 당장 골프채를 들고 아파트 뒤뜰 잔디밭으로 나갔다. 어두컴컴하고 좁은 집안이 아닌 탁 트인 공간에 있으니 마음도 편해졌다. 게다가 아내와 부딪힐 일도 적어지니 그야말로 금상첨화였다. 나는 매일 밥 먹는 시간 외에는 골프연습에 몰두했다. 새벽 기도를 다녀와서는 '조기 해장 라운딩'을 즐겼고, 여름밤이면 좌우 아파트 동에서 흘러나오는 불빛으로 '야간 라이트 게임'을 즐겼다.

그런데 어느 날 경비아저씨가 찾아와 골프 금지령을 내렸다. 건너편 아파트에 사는 주부의 신고가 들어왔다는 것이다. 수상한 놈이 매일 그곳으로 출근하여 삼시 세 때를 거르지 않고 톡탁거리는 모습이 눈꼴이 사나웠던 모양이다. 경비아저씨는 내가 프로 골퍼라도 준비하는 줄 알았던지 눈치껏 해달라는 말을 남기고 돌아갔다.

나는 죄송하다고 말씀드린 뒤, 무척이나 자제하려고 애를 썼다. 하지만 무슨 일이든 한 번 빠지면 끝을 봐야 직성이 풀리는 나의 성격이 문제였다. 책도 읽어보고 자전거도 타보고 예삐도 산책시켜 봤지만 골프에 대한 그리움을 달래지는 못했다. 그렇게 참다참다 도저히 못 견디는 날이면 몰래 나가 골프채를 잡았다. 경비아저씨와 마주치기를 몇 번…. 가끔 잔소리를 듣기도 했지만 골프에 대한 나의 열정을 막기에는 역부족이었다. 다행히 더 이상의 신고도 들어오지 않는 듯했다.

그렇게 여름이 왔다. 그런데 잠시 유치장을 다녀온 사이, 상황이 급변했다. 우리가 살던 주공 아파트가 재개발된다는 통보를 받은 것이다. 우리는 이미 8개월가량의 월세를 내지 못해서 다달이 보증금이 줄어들고 있는 상황이었다. 아내는 길바닥에 나앉게 됐다고 걱정이 태산이었지만 나는 묵묵히 골프채를 다시 잡았다. 아내는 '천하태평 백수지화(天下太平 白手之花)'라며 빈정댔지만, 내 생각은 달랐다. 하루 종일 집에만 있는 남편인 '홈있어'가 '홈리스'보다 백 배 낫고, '라이프 리스'보다 천 배 낫다는 게 내 생각이었다.


모죽(毛竹)이라는 대나무가 있다. 이 나무는 심은 지 5년이 지나도록 자라지 않는다고 한다. 대신 어두컴컴한 땅속에서 자신을 드러내지 않고 묵묵한 기다림으로 크게 자라기 위한 준비를 한다. 사방으로 십리가 넘는 땅에 자신의 뿌리를 다지는 것이다. 그렇게 준비 기간으로 몇 년을 보내고 나면 갑자기 하루에 70센티미터씩 자란다. 6주 동안 하루도 쉬지 않고 자라 무려 30미터 크기의 대나무가 되는 것이다. 모죽과 마찬가지로 나 역시 깊고 단단한 믿음의 뿌리 내리기 작업을 하고 있을 뿐이었다. 온전히 나를 버리고 하나님의 사람으로 살겠다는 준비의 시간이었다. 강태공, 도요토미 히데요시, 히틀러도 지하 벙커 속에서 '정중동(靜中動 : 고요함 속에 움직임이 있다)'으로 천하를 이끌었다. 결국 '온유한 자가 땅을 차지하리라'

는 말씀도 있지 않은가?

　나는 그렇게 수신(修身)을 위해 미국에 이민 간 친척이 남겨준 수 십 년 된 골프채를 갈아 없앴다. 좀 더 세밀히 말하면 골프채의 솔(아연의 바닥 부분)에 음각으로 새겨진 '피칭 엣지(Pitching Edge)'라는 영문글씨를 갈아 없앴던 것이다. 뿐만 아니라 클럽의 고무 손잡이 역시 닳아서 내부의 스테인리스 부분이 드러나기도 하였다. 그래, 내 마음이 아팠던 만큼 골프채도 아팠으리라. 그렇게 우리는 서로를 견디었다. 나는 그 골프채가 인고와 고난의 의미를 잊지 말라고 하나님이 주신 징표라고 생각했다. 그래서 그 깊은 뜻을 여전히 잘 간직하고 있는 것이다.

　부도 후, 나는 아마도 행신동에서 가장 가난한 사람이었을 듯하다. 월세가 밀려 7년 동안 교회 주변에서 세 번이나 쫓겨나는 수모를 당하며 이사를 했으니 말이다. 두 번째 집에서 살던 때의 일이다. 월세가 밀리자 주인은 당장 집을 비워줄 것을 요구했다. 더는 돈이 나올 곳도 빌릴 곳도 없었다. 그야말로 길거리에 나 앉게 생긴 것이다. 나는 염치불구하고 하나님께 매달렸다. 우리 식구 그저 머리 누울 곳만 주시기를 간구하고 또 간구했다. 집을 비워줘야 하는 시간은 다가오는데 방법이 없었다. 이제 또 어디로 가야 하나 앞이 캄캄했다. 그런데 어디선가 나의 사정을 들은 지인이 아무 조건 없이 1천 3백만 원 이라는 큰돈을 내주셨다. 부도가 나고 집에 칩거한지 5,6년이나 되는 아무 능력 없는 사람에게 그는 어떻게든 살아보라고, 좋은 날이 올 것이라는 위로와 함께 우리 다섯 식구의 보금자리를 지켜준 것이다. 나의 딱한 사정을 일거수일투족 지켜보고 계신 하나님은 필요할 때마다 누군가를 보내 살 길을 열어주셨다.

하나님의 기적은 여기서 끝나지 않았다.

어느 날, 서울에 살던 주인이 우리 집으로 찾아왔다. 당시 우리 집은 옥상으로 올라가는 3층에 자리하고 있었는데, 건물 사람들이 하나 둘 짐을 올려 놓다보니 입구를 막는 상황이 되어버렸다. 그런데 이를 본 주인아주머니가 소방 점검 나오면 어떻게 할 것이냐며 불 같이 화를 내기 시작했다. 나는 옥상 입구를 막아 놓은 짐이 우리 것이 아니라고 항변했지만 아무 소용이 없었다. 주인아주머니는 이런 사람들에게는 집을 줄 수 없다며, 마침 계약기간도 끝나가고 있으니 당장 집을 비우라고 성화였다. 세를 사는 서러움과 이 한 몸 마음 편히 뉘일 곳 없는 서글픔이 몰려왔다. 다음 날 새벽 나는 이 문제로 하나님께 간절한 하소연을 했다.

제가 예수님처럼 하나님한테 능력을 받은 사람도 아니고, 믿음이 많은 사람도 아니고 그렇다고 큰일을 하는 사람도 아닙니다. 그저 당신의 뜻에 따라 살려고 노력하는 가여운 어린 한 영혼에 불과합니다.

부디 주님, 저에게 아직도 버릴 것이 있다면 버리게 하소서.

제가 여전히 포기할 것이 남았다면 포기하게 하소서.

다만 그런 저를 긍휼히 여기시어 저희 가족이 편히 쉴 수 있는 공간만 허락하여 주시옵소서.

그런데 그 날, 오후 2시쯤 갑자기 주인아주머니에게 전화가 걸려왔다.

"사실 제가 며칠 전에 디스크 수술을 해서 신경이 괜히 날카로워 있었네요. 어제 일은 너무 죄송하게 됐습니다. 가시면 어딜 가시겠어요. 그냥 1년 더 있으셔도 되요. 정말 죄송합니다."


당시 주변사람들은 '심 집사는 재주는 많은데, 하나님한테 쓰임을 받으려면 몇 가지를 고쳐야 되겠다'라며 충고같은 위로를 건넸다. 사실 지난 몇 년 동안 가장 많이 들은 이야기 중의 하나가 '너처럼 재주 많은 사람이 왜 돈을 못 버는지 모르겠다'라는 말이었다. 틈틈이 글과 붓글씨 그리고 시를 짓는 것이 취미인데다가 학교도 괜찮은데 나오고, 사지육신도 멀쩡한데 왜 돈을 못 버느냐는 것이다.

돌이켜 보건대 이 모든 것은 하나님을 모셔야 할 자리를 다른 것을 채운 내게, 하나님이 내리신 극단의 강경조치였다. 물질과 내 일신의 평안만 추구하자 그 모든 것을 단절시키고, 오직 당신만 바라보며 그 뜻에 따르게 하신 것이다.

하지만 그런 사실을 몰랐던 나는 혹 내일이면 다시 해가 뜨려나, 은혜의 단비가 내리지는 않을까… 라는 생각으로 하루하루를 버티고 있었다. 나는 그렇게 재갈을 물린 야생마처럼 애꿎은 콧김만 내뿜으며 무기력한 생활에 길들여져 가고 있었다.

## '쥐는 자'와 '놓는 자'

그런데 2004년 12월초 금요일 저녁, 부산에서 급한 전화가 걸려왔다. 아버지가 119에 실려 갔다는 것이다. 표면적으로야 팔순을 훌쩍 넘긴 노인성 심장질환이라지만, 우리 아버지의 심장을 병들게 한 것은 못난 두 아들이었으리라.

의사는 심장동맥꽈리 연결부위에 혹이 있고, 심장이 3,4배로 부어있어 수술을 해도 별 가망이 없다는 진단을 내렸다. 가슴을 개복해도 생존률이 5퍼센트 밖에 되지 않으니 마음의 준비를 하라는 것이다. 그때 우리 형제를 당황하게 한 것은 생존률 5퍼센트가 아니었다. 서로의 집안에 있는 돈을 모두 모아도 수십만 원이 채 안 되었던 것이다. 세상에 이런 불효자들이 어디 있겠는가. 우리 형제는 서로를 외면하며 소리 없는 눈물을 삼키고 있었다.

그런데 형과의 통화를 끝낸 후, 정신을 차리고 보니, 극도의 긴장감이 밀려들었다. 사람이 태어나서 죽는 것은 자명한 사실이지만, 어떤 환경에서 어떤 모습으로 가느냐는 인생 마다 다르다. 그 가문에 대대로 축복이 전해질 것인가 반대로 저주가 내려질 것인가는 선친의 임종과 유언에 따라 결정될 수도 있다. 그래서 야곱이 굳이 형을 제치고 아비인 이삭의 임종축복을 가로채지 않았겠는가?

어쩌면 구심점을 잃은 우리 형제가 허무하게 흩어질 수도 있다는 위기감이 느껴졌다. 아버지께 예수님을 영접한지 두 달 밖에 안 되었는데, 이 대로 보내드릴 수는 없었다. 이 절체절명의 순간에 '쥐는 자'와 '놓는 자'의 마음가짐은 천지차이다. 나는 주먹을 움켜쥐었다.

그리고 곧바로 부산으로 내려가는 대신 철야예배를 택했다. 교회를 찾은 나는 김환수 목사님께 기도를 부탁드렸다. 그런데 상황 설명을 들은 목사님은 '부산에 가서 급한 일(?) 있으면 빨리 연락을 달라'고 하셨다. 목사님이 말씀하신 급한 일이란 바로 아버지의 사망을 의미했다. 내가 부탁드린 기도는 그게 아니었는데…. 나는 곧바로 180도 방향을 선회한 기도부탁을 드렸다.

"아니, 급한 일 없도록 기도 부탁드립니다."

나는 히스기야왕의 기도를 떠올리며 밤새도록 무릎이 닳도록 기도를 드렸다. 그런데 집에 돌아와 그와 관련된 성경을 찾아보니 나의 기도에 큰 착오가 있음을 발견했다. 하나님께서 히스기야왕의 간절한 기도로 그의 수명을 15년이나 연장해주었으나, 중병에 걸린 그의 나이는 불과 35세! 15년이라는 시간을 연장해봐야 겨우 50대 초반에 하늘나라로 가고 만 것이었다. 아뿔싸! 우리 아버지는 이미 팔순이 넘은 나이인데…. 기도의 방향이 잘못됐다는 생각이 들었다. 나는 아버지가 하나님을 영접하기를 바라며 이미 10년 이상 기도를 드리고 있었다. 하지만 시간이 얼마 없다는 생각이 들자, 부산으로 내려가는 기차 안에서 올리는 기도는 더욱 적극적이고 결사적일 수밖에 없었다.

나는 하나님께서 '나의 생명 마지막 3년을 가져가시고, 아버지를 살려 달라'라는 나의 간절한 기도를 받아들여 주시길 간구하고 또 간구했다. 나는 재판관에게 억울함을 풀어달라고 간청하는 과부처럼 하나님께 애원하고 또 애원했다.

"하나님, 저희 아부지가 워낙 독특한 양반이라 지금 이대로 천국가면 예수님 제대로 믿을 때까지 꽤나 골치 아플 낍니다. 지금 성경 공부시키기에는 눈도 멀고 귀도 멀었으니, 앞으로 3년 생명연장해서 주님을 만나보고 가셔야 하지 않것습니꺼?"

이 과부가 나를 번거롭게 하니 내가 그 원한을 풀어 주리라 그렇지 않으면 늘 와서 나를 괴롭게 하리라 하였느니라 (누가복음 18:5)


## 호랑이 목에 방울 달기?

달리는 기차 안에서 기도를 마치고 창밖을 내다보는데, 아버지가 예수님을 영접하시던 두 달 전의 그 날이 떠올랐다.

당시 아버지는 두 아들의 부도 때문에 쇼크를 받은 상태셨다. 형의 부도로 20년 동안 살고 있던 집마저 경매로 넘어가자 그 스트레스를 이기지 못하고 울화병까지 나셨다. 부모님은 100여 평의 2층 양옥집을 뒤로 하고

2층 다락방에 사글세방을 얻으셨다. 발도 디디기 어려운 작은 사다리를 의지하고 엉금엉금 기어 올라가야 하는 말 그대로 다락방이었다. 젊은 나도 다니기 쉽지 않은 곳인데 관절염으로 고생하시는 부모님이야 오죽했겠는가. 지금 생각해도 가슴이 답답해지고 눈시울이 붉어질 일이다.

늙은 야곱처럼 자리에서 일어나지도 못하는 아버지를 본 순간, '하나님을 만나게 해 드려야' 된다는 생각이 강하게 들었다. 사실 부산에서 내가 서울에 있는 대학에 입학한 것도 무서운 아버지를 피하기 위함이었다. 그래서 성적이 부족함에도 불구하고 서울행을 감행한 것이다. 그런데 하나님을 믿고 나니, 제대로 사랑을 주지도 못하고 받지도 못한 아버지의 삶이 너무 불쌍하고 안 돼 보였다. 80세가 넘은 나이였지만, 90년이 걸리더라도 아버지를 전도해 꼭 죄를 씻고 가게 하셔야 한다는 간절함이 넘쳐났다. 7년이라는 시간동안 고통을 받으며 철저히 나를 버리고, 스스로를 돌아보니 그제야 아버지가 보이기 시작한 것이다.


"아부지. 아무리봐도예, 가문이 부활하려면 아부지가 예수를 믿어야 됩니더."

늙은 호박에 이빨도 안 들어가는 소리였다. 아버지의 반감을 어느 정도 예상은 했지만, 생각보다 어려운 싸움이 될 것 같았다.

"야, 이눔아! 니 땜에 내 재산 다 날아가고…. 자식새끼들이 아니라 웬수다 웬수! 남도 이렇게는 못 할끼다. 니들이 내는 헌금이 어데로 가는 줄 아나? 그기 다 목사들이 쓰는기 아니가! 내는 하나님도 필요 없고 예수님도 필요 없으니까는 니들 내 돈부터 갚아라!"

형과 나만 보면 자동적으로 나오는 레퍼토리였다. 그럴 때마다 자동적으로 '하나님' 소리가 쏙 들어가고 말았다. 하긴 탕자는 자기 재산만 가지고 나가서 탕진하고 돌아왔지만, 우리 형제야 가시고기처럼 아버지의 뼈와 살까지 다 갉아 먹었으니 무슨 말인들 먹히겠는가. 아버지의 입장에서 봐도, 하나님을 믿는 아들들이 당신을 거지꼴로 만들었으니, 하나님이고 예수님이고 좋게 보일 리 없으리라는 생각이 들었다. 한마디로 우리는 전도 자격 상실자들인 것이다.

그런데 그날따라 유난히 화를 내는 목소리에 힘이 없으셨다. 나는 본능적으로 아버지에게 생명이 허락된 시간이 그리 많지 않음을 알았다. 나는 '더 늦기 전에 전도를 해야 된다'라는 사명감을 안고 서울로 돌아왔다.


그 해 추석 무렵, 나는 부산시내에 위치한 피자 가게로 형을 불러냈다. 아버지의 신후사(身後事: 곧 장례를 치루는 일)를 논의하기 위함이었다. 믿기 전이라면 병원비를 걱정했을 텐데, 지금 우리에게 그런 것은 아무런 문제가 되지 않았다. '하나님의 준 절호의 기회'를 놓쳐버리면 모든 것이 끝나는 절체절명의 위기에 있었기 때문이다. 아버지 당신을 위해서라도 그리고 우리 심 씨 가문의 부활을 위해서라도 기필코 하나님을 영접해야만 했다. 평생 불교신도로 사신 84세의 아버지. 쉽지 않은 싸움이 될 터였다.

하지만 우리 형제가 연달아 부도가 나자, 그야말로 우리집안은 풍비박

산이 났다. 나는 아버지에게 융통한 1억여 원을 갚지 못했고, 형은 아버지의 아파트를 날려 먹었다. 아무리 '4아 전도 전략'을 세웠다지만 '빚'이라는 딜레마 앞에서는 작아질 수밖에 없었다. 형은 '아버지는 우리가 콩으로 메주를 쑨다고 해도 믿지 않고 또 아직 아버지를 전도할 여건이 아니라'며 난색을 표했다. 하지만 내 생각은 달랐다.

"후에 천국에 앉아 불꽃놀이 구경하듯, 지옥 불에서 부모가 고통 받는 것을 보는 것만큼 큰 불효도 없데이."

두 형제가 마주 앉아 '고양이의 목에 어떻게 방울을 달 것인가' 대안을 강구하던 중 하나님이 지혜를 빌려주셨다. 바로 김익태 집사였다.

"김익태 집사를 잡아라! 아버지를 구원할 유일한 방안은 김익태 집사밖에 없다!"

그는 우리가 앉아 있는 피자가게 이재모 여사님의 아들이자 피자집 사장님이기도 했다. 나는 늘 손님이 넘쳐나는 '이재모 피자' 가게를 보면서 하나님께서 야베스에게 내리신 축복을 이 가문에 넘치도록 허락하신 듯싶었다. 그렇지 않고서야 쟁쟁한 외국브랜드와의 치열한 경쟁을 헤치고 어떻게 살아남았겠으며, 객관적 여건이 썩 좋지 못한 상황에서 이렇게 사업이 잘될 턱이 없지 않겠는가? 비록 세상 모든 일은 사람이 계획할지라도, 그것을 이루시는 분은 하나님이라는 사실을 깨달고 몸소 실행한 결과이리라.


김익태 집사는 거미줄처럼 믿음이 나약한 우리 형을 자신이 다니던 교회로 이끌어 온전한 그리스도인으로 만든 장본인이기도 했다. 게다가 아버지가 매우 고맙게 생각하는 사람이었다. 김익태 집사는 평소 아버지께 죽이며 맛난 것이며, 약이 될 만한 것은 무엇이든지 사들고 찾아갔다. 황토방전기요까지도 주고 갔다는 얘기를 들었다. 그는 내 동생에게도 소망과 지원을 아끼지 않으며, 동생을 위해 하나님께 간곡히 돌아와 의지하라며 100일 작정 새벽 기도까지 한 사람이었다. 사정이 이렇다 보니 우리 아버지는 자식들보다 자신을 더 긍휼이 여기는 김익태 집사를 신뢰하고 믿고 계셨다. 게다가 '김익태와 심태익' 두 이름을 나열해 보면, 'ㄱ'과 'ㅅ'만 틀릴 뿐 나머지 글자가 모두 같은 신기한 인연이었다. 그래, 우리 아버지를 전도할 사람은 김 집사 밖에 없다! 하지만 일방적으로 너무 많은 것을 받기만 한 상태에서 아버지의 전도까지 부탁하기는 다소 염치없었다.

그런데 자초지종을 들은 김 집사는 앞치마를 벗어 던졌다.

"뭔 소리를 하시는 겁니까? 당연히 지가 가야지예. 지가 아부지한테 가는기 맞습니더. 어서들 일어나이소!"

사실 김익태 집사 역시 어린 나이에 아버지에게 버림을 받고 학교도 제대로 졸업하지 못할 만큼 깊은 방황의 세월을 보냈다. 웨이터 생활 등 뒷골목 세계를 전전하던 그는 결국, 하나님을 영접한 후 100퍼센트 자신을 하나님께 맞기고 주님의 뜻에 따라 살기 시작했다. 그 결과 차고 넘치는 은혜를 받아 부산에서 알아주는 재력가가 되었다. 그는 평생을 원망하고 미워한 자신의 아버지를 예수님을 믿고 나서야 진정으로 용서하고 마음으로 받아들일 수 있었다고 한다.

"지는 아무 이유없이 아부지한테 버림 받았지만 하나님을 만나서 아부지를 용서하고 받아들였습니데이. 하지만 심 집사님 형제는 오히려 지와는 반대로 아부지께 버림 받은 기 아입니꺼. 그러니 지가 들어가서 아부지를 전도해야지예. 부자를 화해로 촉진시킬 수 있는 사람은 예수님 밖에 없습니데이. 지가 경험자 아임니꺼. 퍼뜩 일나소!"

말씀하시되 나를 따라오라 내가 너희를 사람을 낚는 어부가 되게 하리라 하시니

(마태복음 4:19)


# 한국판 선한 사마리아인 김익태 집사


어떻게 된 게 우리가 김 집사의 손에 이끌려 영주동 본가로 올라가는 모양새가 되었다. 뭐 아무래도 좋았다. 형과 나는 내친김에 바로 아래 동생까지 데리고 아버지를 찾았다.

사실 본가라고 해 봐야 부산 앞바다가 내려다보이는 영주동 고지대에 위치한 사글세방이었다. 아들들보다 김 집사의 방문을 더욱 반가워하신 아버지는 여든의 힘겨운 몸을 일으켜 우리를 맞으셨다.

"아부지요. 김 집사님 모시고 왔습니데이."

김익태 집사를 발견한 아버지는 불편한 몸을 일으키려 애를 쓰셨다.

김 집사는 머뭇거리는 형을 이끌고 서둘러 방안으로 들어섰다. 아버지, 어머니, 김 집사, 형, 나 그리고 동생…. 여섯 명이 앉기에는 턱없이 비좁은 방이었지만 아무도 신경 쓰지 않았다. 그리고 그 작은 공간에서 김 집사의 입을 통해 불같은 성령의 역사가 일어날 것이라는 사실 또한 아무도 예측하지 못했다.

몇 년 동안 내가 그렇게 이야기를 해도 망부석처럼 꿈쩍도 않던 양반이 김 집사의 말에 서서히 마음을 열기 시작했다. 평생을 불자로 살아오셨고 하나님을 거부하셨지만, 김 집사를 통해 난생 처음 하나님이 살아계심을 경험하셨다. 이윽고 아버지는 아무 거부감 없이 말씀하셨다.

"내, 예수 믿을란다."

어안이 벙벙했다. 무려 84년 동안 완전하게 소금에 절여진 결과였다. 우리는 그 자리에서 아버지를 위한 영접 기도를 드렸다.

천지만물을 주관하시는 하나님 아버지, 지금 한 영혼이 주님을 영접하기를 원합니다. 지금까지 하나님을 멀리 떠나 세상 가운데서 방황하며 84년의 세월을 살아온 아버지를 받아주시고, 이제 남은 생애를 천국의 기쁨을 누리며 살아가도록 인도하여 주옵소서. 하나님을 부인하며 살아왔던 모든 순간들을 용서하시고, 이제는 주님의 품에서 오직 구원의 감격과 감사와 확신으로 그리스도의 자녀로서의 축복을 누리게 하옵소서. 어려울 때나 힘들 때나 기쁠 때나 오직 하나님만을 바라보며 소망 가운데 살게 하옵소서. 예수님의 이름으로 기도드립니다. 아멘.

영접 기도를 마치신 아버지는 우리형제에게 사랑한다는 말씀을 하셨다. 사실 우리 형은 그때까지 아버지에 대한 두려움을 느끼며 살았다. 특히 기질적으로 나와 다른 형은 아버지에 대해 지나칠 정도로 두려움을 가지고 있었다.

어린 시절, 무뚝뚝하고 엄격한 아버지의 취미는 독특하게도 목욕이셨다. '청수회'라는 목욕 모임을 만들 정도로 목욕을 즐기셨다. 그런데 어느 날 새벽, 아버지는 자고 있는 어린 두 아들을 깨워 목욕을 가자고 말씀하셨다. 밀려오는 잠으로 제대로 눈도 뜨지 못한 상태에서 우리는 아버지의 손에 이끌려 목욕탕으로 가고 있었다. 그런데 목욕탕에 들어가자마자 아버지의 불호령이 떨어졌다. 어른들도 들어가기 꺼려하는 뜨거운 탕 속으로 들어가라는 것이다. 손으로 얼핏 만져보니 이건 목욕물이 아니라 끓는 물이었다.

우리는 아버지의 눈치를 보며 탕 속으로 몸을 담갔다. 물이 어찌나 뜨거운지, 금방이라도 살갗이 벗겨질 것 같았다. 그런데 형이 먼저 울면서 탕을 뛰쳐나갔다. 옳다구나! 하고 형을 따라 뛰쳐나가려던 나는 '사내새끼가 그 정도도 못 참나!'라는 아버지의 불호령을 들으며, 조용히 탕 속으로 엉덩이를 붙이고 앉았다. 그리고 아버지가 '이제 그만 나오라'는 말씀을 하실 때까지 이를 악물고 버텨냈다. 아주 작은 사건이었지만 그로 인해 아버지에게 나는 근성 있는 놈으로, 형은 유약한 놈으로 정의되고 말았다.

그 뒤로 형은 아버지만 보면 피해 다녔다. 그런데 아버지의 집까지 경매로 넘어갔으니 형은 감히 아버지와 눈도 맞추지 못했다.

그런데 아버지의 '사랑한다'는 고백에 이어 '아버지의 사랑을 느끼게 되었다'라고 고백하는 형을 발견했다. 할렐루야! 그 작은 단칸방이 주님의 은혜로 차고 넘쳤다. 얼떨결에 따라 온 동생 동환이도 그 자리에서 함께 예수님을 영접하게 되었으니 그야말로 복된 날이었다.

너희는 이제 가만히 서서 여호와께서 너희 목전에서 행하시는 이 큰 일을 보라

(사무엘상 12: 16)

모인 사람 모두 이렇게 신비하고 화려하고 진귀한 '영성 퍼레이드'는 난생 처음 겪는다고 입을 모았다. 두 번 다시 느낄 수 없는 기묘와 전율이 우리를 감싸 안았다. 말씀을 전하는 사람, 듣는 사람 할 것 없이 모두 함께 놀라며 기쁨의 눈물을 흘렸다. 나는 그토록 놀랍고 경이로운 주님의 능력과 예비하심을 경험한 적이 없었다. 하나님은 그렇게 내 눈물의 10년 기도를 들으시며, 아무도 모르게 김익태 집사라는 비장의 무기를 준비하고 계셨던 것이다.

아버지가 예수님을 영접하신 그 다음 날이 바로 추석이었다. 우리 가족은 처음으로 제사가 아닌 추모 예배를 드리게 되었다. 아무것도 모르는 작은 어머니는 이미 음식까지 만들어오셨다. 제사의 지방을 담당했던 나

는 그날 붓 대신 성경책과 찬송가를 꺼내 들었다.

"오늘부터 조상 참배는 기독교식으로 합니데이."

그날 처음 추모예배를 드리는 모습을 본 조카들은 연신 킥킥대며 황당해했지만, 이토록 즐거운 추석은 처음이었다. 아버지는 끝내 조상님을 모시지 못한 섭섭한 마음을 감추지 못하셨다. 84년을 습관처럼 해 오던 일인데 갑자기 못하게 되었으니 얼마나 허전하실까 싶기도 했다.

"니들 산소 좀 댕기 오니라."

경남 문산에 있는 할머니 할아버지 산소에 가서 그분들 헷갈리지 않게 (?) 절차가 변경된 것을 말씀드리고 오라는 것이다. 아버지의 마음을 편하게 해드리기 위해 우리 형제는 가벼운 발걸음으로 문산을 찾았다.

나는 그렇게 참으로 은혜로운 추석 연휴를 마치고 귀성길에 올랐다. 그런데 김익태 집사에게 문자 한 통이 도착했다.

"심 집사님 집안에 대한 주님의 놀라운 구원의 역사에, 저 같은 까마귀가 동참하게 되어 기쁩니다."

김 집사가 워낙 기골이 장대하고 피부는 검은 편이라, '피부색이 검은 천사'라 불렀더니, 그는 거칠게 살았던 과거를 회상하며 자신을 '까마귀'라 명명했다. 본인의 뜻에 따라 나 역시 기꺼이 까마귀라 부르기로 했다. 우리 가문에 '물(전도와 말씀)과 떡(구제와 회복)'을 가져다준 '엘리야의 선한 까마귀'라고 말이다.


주 예수를 믿으라 그리하면 너와 네 집이 구원을 받으리라 (사도행전 16:3)

하나님을 믿는 사람이라면 누구나 선한 사마리아인의 길을 가야 할 것이다. 하지만 강도를 만나 피 흘리며 쓰러진 나그네를 여관에 맡기고, 모든 숙박료와 치료비를 지불하며 그것도 모자라 발생한 추가비용은 돌아오는 자신에게 청구하라 할 수 있는 사람은 많지 않다. 우리 가문에 주님의 때가 임박했음을 알아챈 그는, 두 팔을 걷어 부치고 우리 가족을 이끌어 홍해를 건너게 했다. 그는 대부분의 파일럿(전도자)과 달리 접안(전도)을 넘어서 하역(구제)을 도왔고, 다시 목적지(천국)를 향해 떠나는 운송(양육, 제자훈련)까지도 기꺼이 맡아 주었다. 나아가 화주(무거운 짐을 진 이웃)대신 '천국은행 명의로 발행한 백지수표(남몰래 준 도움)'까지 지불한 아주 고마운 사람이다. 그래서 나는 진정 김익태 집사를 '한국판 선한 사마리아인'이라 부른다.

살아가면서 이토록 선한 사마리아인을 단 한 사람이라도 만날 수 있다면 그건 분명 축복이자 은혜일 것이다.


나는 김 집사의 문자에 다음과 같은 답장을 보냈다.

"김 집사님, 우리도 광야 같은 인생에서 목숨건지는 까마귀가 되겠심니더."

## 너희는 먼저 그의 나라와 그의 의를 구하라

아버지를 전도했다는 기쁨을 뒤로하고 서울로 올라온 나는 또다시 무거운 현실에 짓눌리고 있었다. 주변의 사람들에게 철저하게 버림받고 외면 받은 3,4년의 시간이 다시 두려움으로 다가왔다. 구하면 찾을 것이요, 두드리면 반드시 응답하신다는 하나님의 약속이 있으심에도 불구하고, 기도 응답은 없었다. 문득 '하나님이 나를 버리셨나?' 라는 생각이 들어 새벽기도 시간, 나는 엎드려 목 놓아 "주님! 주님!"을 불렀다.

온 몸에 피가 마르고 뼈가 부서지는 이 고통의 순간, 하나님의 긍휼하심을 바라는 저의 처절한 목소리를 듣지 못하시나이까? 어찌하여 살려달라는 이 애달픈 저의 외침을 그토록 잔인하게 외면하시나이까.

왜 나를 멀리 하여 돕지 아니하시며 내 신음 소리를 듣지 아니하십니까?

제가 밤낮으로 당신을 부르짖으나, 응답을 들을 수가 없으니 가슴이 먹먹하고 답답합니다.

주님, 진정 제 목소리를 외면하시는 것입니까? 하나님 저를 떠나신 건 아니지요?

차라리 이렇게 살 바에야 저를 데려가 주십시오.

통곡과 눈물의 기도가 이어졌다. 내게 부르짖고 내게 와 기도하면 내가 너희들의 기도를 들을 것이라는 하나님의 말씀을 믿고 부르짖고 또 부르짖었다. 밤낮으로 엎드려 울고 또 울었다. 호흡하는 매 순간 기도의 응답을 구하며 빌고 또 빌었다. 하지만 나의 기도는 공허한 메아리조차 돌아오지 않고 허공에 흩어지고 있었다. 그렇게 아무도 알아주지 않고 아무도 들어주지 않는 것같은 혼자만의 싸움이 벌써 몇 년째였다. 결국 내가 먼저 하나님께 항복하며 백기를 들었다. 일방적인 울부짖음과 부르짖음을 멈추기로 했다.

그러던 어느 날, 새벽기도에서 구약에 나오는 징벌을 주제로 목사님의 설교가 시작됐다. 별로 새로울 것도 없는 이야기인데 그날따라 목사님의 말씀이 구구절절이 가슴에 박혔다. 소도 제 임자를 알고, 나귀도 주인이 저를 어떻게 먹여 키우는지 알진데 하나님의 백성임을 자각하지 못하는 이스라엘 사람들이 결국 나의 모습이라는 사실을 깨달은 것이다. 그 중에서도 온갖 축복을 줬는데도 당신을 떠나는 사람들에게 징벌로써 되돌아오게 만든다는 메시지는 마치 화살이 과녁에 명중하는 것처럼 정확하게 내 심장에 꽂혔다. 하나님이 말씀하시는 상수리나무가 바로 내 자신이구나! '어찌하여 맞을 일만 하느냐' 라는 하나님의 꾸지람에 절로 회개의 기도가 흘러 나왔다.

너희가 기뻐하던 상수리나무로 말미암아 너희가 부끄러움을 당할 것이요 너희가 택한

동산으로 말미암아 수치를 당할 것이며 (이사야 1:29)

하나님마저 나를 외면하신다고 생각되는 그 절망적인 순간에, 역설적인 하나님의 역사가 시작됐다. 원망과 두려움으로 가득한 나의 입술에서 통회자복이 일어났다. 그동안 주님의 뜻에 따라 산다고 살아왔지만 결국 모든 것을 나의 의지대로 끌고 왔음을 절실히 회개했다. 그리고 나의 일방적인 부르짖음으로 인해, 하나님이 내게 요구하고 계신 것을 전혀 듣지 못했다는 사실을 깨달았다.

하나님은 끝없는 연단을 통해 교만하고 오만했던 내게 겸손을 요구하시고, 일신의 안위를 추구하는 내게 이웃을 돌아보라 하시며, 뿔난 송아지처럼 날뛰는 내게 넉넉함을 요구하시고, 폭언과 욕설을 일삼던 내 입술에서 찬송과 복음이 나오기를 요구하고 계셨다. 하지만 '주시옵소서'라고 부르짖는 나의 목소리를 듣느라, 정녕 중요한 하나님의 메시지를 놓치는 우를 범하고 있었던 것이다. 그랬다. 나는 하나님께 매를 버는 맞을 짓을 골라하는 삶을 살고 있었다. 그 사실을 깨달은 나는 더 이상 하나님께 부르짖지 않았다. 대신 나의 목소리가 아닌 하나님의 말씀을 듣고자 'hearing'에 집중했다. 그제야 비로소 응답 없는 기도에 대한 두려움이 사라졌다. 그 후로 나는 매순간, 매시간을 하나님이 원하고 뜻하시는 길을 가기 위해 나의 인생 궤도를 수정하고 바꾸어 나갔다.

며칠 뒤 새벽기도 시간, 대역전의 미학이 내 눈앞에서 무지개처럼 펼쳐졌다. 끝이 막힌 동굴이 터널로 변하더니 고통의 끄트머리에서 실낱같은 빛이 새어나오기 시작했다. 성령의 진동이 일어났다. 죄 사함과 거듭남의 은혜를 느끼자 참을 수 없는 눈물이 흘렀다. 그동안 치유 받지 못해 썩어문드러진 살들이 잘려나가고, 주님의 은혜로 가득한 새살이 돋았다. 비로소 나를 비우고 하나님으로 채워지는 성령의 역사가 일어났다. 하나님의 자녀라는 사실이 그렇게 감사할 수 없었다.

그러자 모세에게 등불이 찾아왔듯이 반응 없던 기도의 응답들이 보이기 시작했다. '들음의 경지'에 도달하니 오바마의 연설문이 프롬프터(Prompter) 찍히는 것처럼 하나님의 말씀들이 실시간으로 나의 눈앞에 펼쳐지기 시작했다. 하나님의 언약이 곧 복이며, 그 언약을 받는 자가 곧 복의 근원이 된다는 주님의 약속을 믿자 거짓말처럼 마음의 형통함이 찾아왔다.


아버지의 축복을 받고도 자신의 축복을 모르고 집을 떠났던 탕자가
돌아와 용서를 구했던 것처럼
하나님의 뜻에 불순종하며 저의 생각을 고집했던 이 죄인이
회개의 눈물을 흘리오니 거두어주옵소서.


하나님 아버지 앞에 엎드려
피가 마르고 살이 찢어지는 고통을 느끼며

통회자복하는 가련한 이 죄인의 눈물을 씻어주시고

하나님 나라의 복된 자녀로 거듭나게 하여 주시옵소서.


너희는 먼저 그의 나라와 그의 의를 구하라 그리하면 이 모든 것을 너희에게 더

하시리라 (마태복음 6:33)


하늘의 제왕이라 불리는 독수리의 평균 수명은 70년 정도라고 한다. 하지만 사람의 불혹의 나이에 해당하는 40년쯤 되면 독수리에게는 절체절명의 위기가 찾아온다. 말 그대로 환골탈태(換骨奪胎)를 하기 때문이다.

독수리는 40세가 되면 발톱은 안으로 굽어진 채로 굳어지고, 부리는 가슴으로 구부러져 먹이를 낚아채기 어려워진다. 또한 높은 하늘과 험한 산을 가볍게 자유자재로 비상했던 날개는 갑옷처럼 두꺼워져 노쇠한 독수리가 감당하지 못할 정도로 무거워진다. 이런 상태가 되면 독수리는 먹이를 구하지 못해 그대로 죽기를 기다리거나, 아니면 고통스럽더라도 새롭게 태어나는 거듭나기를 선택을 해야 하는 것이다.

거듭남을 택한 독수리는 150여 일 동안 절벽 끝 바위틈으로 들어가, 홀로 목숨을 건 사투를 벌인다. 다시 태어나기 위해 독수리는 굽어진 부리가 닳아 없어질 때까지 바위에 대고 내리친다. 머리가 깨지는 고통을 감내하며 쉬지 않고 밤낮으로 부리를 갈아 그것이 완전히 없어지면, 그때부터는 새로운 부리가 날 때까지 꼼짝하지 않고 앉아 있는다. 그렇게 새 부리가

자라면 독수리는 그것을 이용해 안으로 구부려진 낡은 발톱을 뽑아낸다. 발톱을 다 뽑으면 또다시 새로운 발톱이 자라날 때까지 조용히 둥지 안에 머무른다. 마지막으로 독수리는 새로 얻은 부리와 발톱으로 낡고 무거운 깃털을 모조리 뽑아낸다. 죽음보다 더한 고통을 느끼면서도 자신의 털을 하나도 남김없이 뽑고 또 뽑는다. 그리고 부리와 발톱 깃털이 새롭게 바뀌는 150여 일 동안, 오로지 이슬만 먹으며 인고의 시간을 견뎌낸다. 이러한 환골탈태의 시간을 거쳐야만 비로소 독수리는 천하를 자신의 날개 아래 품고 태양을 향해 고공 질주하는 완벽한 하늘의 제왕이 되는 것이다.

나는 하나님 안에서 다시 태어나고자 지금까지 내가 가지고 있던 모든 것을 부리처럼 돌에 내리찍어 없애고, 나의 생각과 의지를 발톱처럼 뽑아냈다. 그리고 분노와 좌절, 원망과 한탄으로 얼룩진 가슴속에 응어리를 깃털처럼 뽑고 또 뽑았다. 그렇게 부모로부터 받은 육신과 내 생각과 의지로 살아온 세월을 비워내자, 비로소 하나님의 의도대로 쓰일 수 있는 제2의 인생이 시작되었다. 이제 나는 하나님이 새로 주신 부리와 발톱 그리고 날개를 가지고 승리의 비행을 하는 일만 남은 것이다.

❶ 스스로 인생 배추라고 생각하며 「Yes, I'm happy」 ❷ 예수인교회 남성중찬단 「그라치아」 공연 후
❸ 국회초청 특강 중 「긍정의 힘과 그 원천」 ❹ 「궁즉통」-어려울 때 즉시 기도하면 형통이 찾아온다
❺ 「정중동」 ❻ 인생 배추밭에서 만난 한명숙 전총리 ❼ 수련회에서 즐거운 한 때 ❽ 교회 성가대 수
련회에서

# 묵은 김치
# 드디어 **밥상**에 오르다

# 단돈 3만 원과 중고 386 컴퓨터로 재도전!

"동철아, 너 지금 뭐 하고 있느냐?"

생전 처음 들어보는 음성이었다. 너무 놀라 심장이 멎을 것 같았다.

"시…. 실례지만 누구신교?"

"네가 그토록 애타게 찾고 부르짖던 예수란다."

여느 날과 다름없는 오후였다. 식탁의자에 앉아 기도를 드리며 깊은 묵상에 빠져있는데, 기적적으로 '그분과의 핫라인'이 연결된 것이다. 심야 라디오 음악프로에 갑자기 전화가 연결된 기분이었다. 이런! 아무런 마음의 준비도 되어있지 않은데, 어쩐담…. 나는 방송을 통해 짝사랑 고백을 앞둔 사춘기 소년처럼 잠시 할 말을 잃었다.

"아이고 주님, 바쁘실 긴데…. 우째 여까지 전화를 다 해 주심니꺼? 시도 때도 없이 다이얼을 돌렸지만, 그때 마다 통화 중이라 음성 메시지만 남겼는데, 들었능교?"

"그럼, 네가 하는 말 항상 다 듣고 있단다. 다시 한번 말해 보거라."

"하루 종일 시간은 많은데…. 돈도 없고, 할일도 없고 심심해서예….'

"그래? 돈도 없고 할 일도 없다고? 의지가 없는 거 아니고? 수중에 가진 돈이 얼마니?"

"돈이요? 3만 원이예."

"그러면 얼른가서 배추 두어 포기하고 김치 담글 양념을 사오너라."

"하라카믄 하겠지만…. 그건 뭣에 쓰려고 그랍니꺼?"

"너, 이제부터 얘기 잘 들어야 한다! 아무소리 말고 오늘부터 집에서 김치를 담그는 거다. 집사람이 아무리 화를 내더라도 해야 하고, 혹 중간에 방해자가 생겨도 해야 한다. 조금 있으면 김치 때문에 크게 어려운 일이 생길 건데, 그래도 부딪혀서 끝까지 해야 한다. 알겠지?"

"예? 예…. 그런데, 주님. 그래도 김치 장사를 할라카믄, 다 썩은 냉동차라도 하나 있어야 될 긴데예. 최소한 5백만 원은 수중에 있어야 되는 기 아입니꺼?"

"이런! 반평생을 나하고 살아온 네가 아직도 내 말을 못 알아듣느냐?"

"무슨 말씀을 하시는 깁니꺼?"

"어디 주변에 가서 중고 386 컴퓨터라도 하나 얻어 인터넷에 올려놓고 팔거라. 배달은 택배를 이용하고! 그리고 지금 네 발치에 놓인 평생 들고 다니던 저 세일즈맨 가방 있지?"

"예."

"그곳에 가득 김치를 채워 줄 테니까 돌아다니며 팔아 보거라."


무릇 사람이 할 수 없는 것을 하나님은 하실 수 있느니라 (누가복음 18:27)


"예? 저기에 김치를 넣어 댕기믄 냄새 나지예, 또 넣어 봐야 얼마나 넣겠심니꺼?"

"왜 그렇게 생각이 짧으냐?"

"그라믄 주님은 용빼는 재주라도 있심니꺼?"

"있고말고! 그 전에 너는 김치를 무엇이라 생각하느냐?"

"반찬이지예, 반찬."

"네 눈에는 김치가 반찬으로 밖에 안 보이니? 김치는 현금이야. 먼저 김치에 대한 생각을 달리하고 새로 접근해봐. 일전에 김치사업 동업하다, '수 억 없앤 그 친구들의 실패 사례도 잘 검토해 봐. 최소한 한국 내에서는 그런 사례들이 도움이 될 거다. 그러니 그 특성을 살려 새 브랜드의 신제품을 한번 만들어봐. 그럼 잘 팔릴거다. 새 포도주를 새 부대에 담듯 말이다."

새 포도주를 낡은 가죽 부대에 넣지 아니하나니 그렇게 하면 부대가 터져 포도주도 쏟아지고 부대도 버리게 됨이라 새 포도주는 새 부대에 넣어야 둘이 다 보전되느니라 (마태복음 9:17)

비몽사몽으로 나는 잠에서 깬 듯 일어나 앉았다. 모든 것이 완벽하게 생각나지는 않았지만 '뉴 트랜드, 뉴 패러다임, 주문 배달 김치, 인터넷, 재기, 총체적 위기' 등의 키워드가 뇌리에 깊이 박혀있었다. 마침 얼마 전 외국에서 향초 아로마를 인터넷으로 판매해 천만 달러의 매출을 올렸다는 기사를 본 기억이 났다. '한번 해보자'는 자신감이 몸속 깊은 곳에서 꿈틀거렸다.

하지만 한편으로는 과연 가능한 일인가라는 생각도 들었다. 전 재산은 부채 5억에 단돈 3만 원. 그것도 친구가 밥이라도 먹고 다니라고 챙겨준 돈이었다. 거미도 거미줄을 쳐야 먹이를 잡을 것 아닌가. 당장 사업을 시작하려면 냉동고는 물론 공장보증금도 필요했다. 어림잡아도 5천만 원은 있어야 한다는 계산이 나왔다. 가장 큰 경쟁 상대인 J김치와 대적하려면 3만 원이 아니라 3억은 있어야 할 터였다. 머릿속은 복잡했지만 생각은 차차 정리하기로 하고 당장 실행에 돌입했다.

다음 날, 나는 태어나 처음으로 배추를 사서 소금에 절이고 양념을 만들며 김치를 담그기 시작했다. 더불어 김치라는 상품의 특성, 시장구조, 현재 시장 상황, 미래의 위험요소, 김치의 마케팅 전략과 세계화의 방법, 소비자의 김치 취향, 김치의 발효과정과 맛의 변화속도 등도 고민했다. 그리고 김치에 관련된 서적을 구입해 탐독했다.


"이제 갈 때 까지 갔네. 그렇게 할 게 없으면 노가다라도 뛰지."

나는 아내의 잔소리를 양념으로 버무리며 김치연구에 몰두했다. 무릇 세상에서 가장 지키기 어려운 것이 사람의 마음일진데, 아침저녁으로 부지런히 닦아 놓지 않으면 쉽게 녹이 슬기 마련이다. 나는 남자가 집에 앉아 배추나 만지작거린다는 주변의 비아냥거림을 들을 때마다, '집사람이 아무리 화를 내더라도, 혹 중간에 방해자가 생겨도' 해야 한다는 하나님의 말씀을 떠올리며 마음을 다잡았다. 주변의 비몽사몽간이었지만 주님이 주신 영감을 놓치지 않기 위해 발버둥치며, 김치를 단순히 반찬이 아닌 문화상품으로서 접근을 시도하며 김치사업을 준비했다.

그런데 어느 날, 함께 설렁탕 사업을 하던 이 할머니의 말씀이 떠올랐다.

"내 재산, 명예, 건강 그리고 모든 것을 다 앗아간 사기꾼들이 내게서 가져가지 못한 것이 딱 하나 있다. 그것은 바로 나의 의지와 음식을 만드는 기술이다."

위기가 닥칠수록 눈에 보이는 것보다 무형자산인 마인드가 중요한 법이다. 만왕의 왕이시며 만군의 주이신 하나님이 눈에 보이지 않는다 한들, 자기 스스로 그분을 내몰지 않는 이상 누가 내 성전에서 하나님을 몰아낼 수 있겠는가! 할머니처럼 음식을 만드는 기술은 없지만, 내게는 하고자 하는 의지와 하나님이 계셨었다.

'그래, 지금부터 다시 시작하면 된다. 이제 겨우 마흔을 넘겼을 뿐인데 그동안 무엇이 무서워 아무것도 하지 못했던가! 비록 수중의 돈은 없지만 하나님으로부터 받은 무한한 열정과 아이디어가 있지 않는가? 내가 하나님을 가졌는데 부족한 것이 그 무엇이란 말인가? 천하를 얻더라도 하나님을 알지 못하면 빈손이나 마찬가지요, 빈털터리 맨 몸일지라도 주님을 영접하면 세상을 얻은 것과 다를 바 없다! 하루빨리 재기에 성공해서 나의 생존 방법을 여러 사람과 나누며 살아야지.'

마치 신형 네비게이션이라도 달은 듯, 비로소 모든 길이 선명하게 보이기 시작했다.

# 2천 5백만 원에 팔린 김치 한 통

하지만 기대와 달리 인터넷을 통해 판매한 실적은 형편없었다. 석 달 동안 5만 원 짜리 4통 판매, 20만 원의 수익에 불과했다.

"보소, 수지 아빠. 차라리 그 시간에 나가서 운동을 하든가, 택시를 모는 게 안 낫겠습니꺼?"

하지만 나는 하나님께 직접 받은 믿음이 있었다. 주님께서 김치장수를 명하셨을 때는 다 그만한 이유가 있을 것이다. 나는 아내의 잔소리를 뒤로 하고 오히려 하나님께 감사의 기도를 드렸다. 메이플라워 호를 타고 신천지 미국에 도착하여 몇 줌 안 되는 옥수수를 얻은 프로테스탄트처럼 마음속 깊이 우러나오는 감사였다.

그런데 아무리 생각해 봐도 기존의 방식으로는 장사를 할 수 없었다. 결단이 필요했다. 마지막이라는 생각으로 3천만 원을 융통하기로 했다. 하지만 내가 망한 것을 모르는 사람이 없고, 식구들조차 재기 불능상황이라고 생각하는데 누가 내게 돈을 빌려줄 것인가. 그때 하나님은 나를 동기들에게 이끄셨다.


나는 순간 대학동기인 '터보테크'의 장흥순 사장을 생각해 냈다. 그는 '휴맥스'의 변대규 사장, '안철수 연구소'의 안철수 사장 등과 더불어 벤처 1세대로, 15개의 사업체를 운영하는 사업가였다. 사실 그 친구와 쉽게 만날 수 있는 상황은 아니었다. 내가 싱크대 사업을 할 때 만나고는 근 4,5

년간 얼굴도 보지 못했기 때문이다. 하지만 나는 주님의 안내를 믿기로 하고 그의 사무실로 전화를 걸었다. 그리고 비서를 통해 어렵게 약속을 잡았다.

그를 만나기 전, 나는 출장을 앞에 둔 김유신 장군처럼 간절히 기도했다. 당시 나는 앞으로 일어날 일들을 염려하지 않았다. 좌절과 두려움에 떨며 주저앉는 일도 없었다. 고민하고 걱정할 시간에 기도를 했다. 나의 능력이 무엇이건 간에 하나님께 당신의 뜻을 묻고 무조건 그 뜻에 따르겠다는 순종의 표현이었다.

"하나님으로부터 시작한 일, 하나님의 능력으로 마칠 수 있는 힘을 주시옵소서!"

오랜만에 말끔히 면도를 하고 옷을 차려 입은 나는, 아내와 함께 정성껏 담근 김치를 아이스박스에 넣었다. 장 사장에게 건넬 선물이었다.


사무실에 도착하니, 장 사장은 급한 회의에 들어가 자리에 없었다. 응접실에 앉아 회의가 끝나기를 기다리는데 만감이 교차했다.

'출세했네. 이 친구는 지금 하늘을 나는 독수리와 같은데, 나는 총 맞은 장끼처럼 수풀을 헤매고 있으니…. 언제 나에게도 이런 세월이 올까?'

쓸쓸한 마음을 감추지 못하던 차, 회의를 끝낸 그가 반가운 얼굴로 나를 맞아 주었다. 우리는 차를 한잔 앞에 두고 응접실 소파에 마주 앉았다.

"어, 심 사장. 반갑네. 요즘 뭐해?"

"응. 김치 장사하지."

"그 설렁탕 할머니와? 부엌가구 사업은 관두고? 네가 우리 집 부엌도 리모델링 해줬잖아. 그 사업도 괜찮지 않았나?"

"괜찮았지. 사업은…. 그런데 관뒀다 아이가. 나 부도났다."

그는 나의 부도소식조차 모르고 있었다. 이런 사람에게 돈을 부탁해도 될까…. 알 수 없는 긴장감에 나는 마른침을 삼켰다.

"왜? 어쩌다가?"

"IMF 때문에 건설업자들이 연쇄적으로 도산 하니 내라고 별 수 있나? 시장도 엉망이고."

"야, 고생이 많았겠구나. 이제 좀 나아졌나?"

나는 어색한 분위기를 바꾸기 위해 대뜸 아이스박스를 내밀었다.

"자, 이것 받아라. 내가 담근 김치다. 니 줄라고 일산에서 여까지 들고 왔데이."

"아이고, 무겁게 뭐 하러 이런 걸 다 들고 와."

"그라고 장 사장. 내 좀 도와도. 다시 시작하려고 하는데, 악성 채권자들이 내를 그냥두지 않는데이. 지금 무일푼이라 자금이 좀 필요…."

"얼마면 해결되는데?"

그의 성격답게 시원시원했다. 아무리 친구라 해도 돈 거래는 쉽지 않은 문제인데, 그는 계산이 없었다.

"한 3천만 원이면 되겠는데. 니가 3백만 원만 빌려주면 내일부터 선후배 한 열 명 만나 나머지는 부탁해 볼끼다."

"지금 얼마 있는데?"

어라? 이 말은 김치장사를 하라시던, 하나님이 내게 묻던 말 아니던가?

"5백만 원."

"알았다. 구좌나 하나 알려 주고 가라. 내가 내일 2천 5백만 원 보내 줄게. 사업가는 절대로 체면 구기고 다니면 안 된다. 심 사장, 돈보다 그게 더 중요한 거야."

"고맙네. 장 사장!"

"아이다. 우리는 친구 아이가…."


그는 내게 용기와 희망을 주는 것은 물론 자유의 주춧돌이 되어 주었다. 그것은 마치 하나님께서 아브라함에게 번제를 위해 희생하려던 자식 대신 허락하신, 나뭇가지에 걸린 숫양과 같은 선물이었다. 또한 그것은 내게 사막에서 지쳐 누워 있는 엘리야에게 까마귀가 물어다준 '떡과 물 한 병'과 같았다. 내게 떡과 물을 준 장흥순 사장도 이후 사업상 어려움을 겪다가, 인생의 여울목에서 진정으로 주님을 만났다 하니 이 또한 기쁘기 그지없는 일이다.

"선한 사마리아인 같은 장 사장 언제 한번 봄세!"


나는 하나님이 장 사장을 통해 보내주신 자금을 기반으로 몇 가지 전략적 결정을 내릴 용기를 얻었다. 우선 브랜드를 다소 촌스럽지만 인간적 냄새가 나는 '춘천옥 할매김치(www.kimchi45.com)'로 결정했다. 그리고 제품을 설계하기 위해 김치시장을 면밀히 분석했다. 그 결과, GNP의 전반

적 증가, 라이프스타일 변화, 주5일제 근무, 택배시장의 성장, 맞벌이 직장 생활증가, 엘리뇨 현상으로 배추수급파동, 김치장인의 급격한 퇴거 등으로 고속 성장할 것이라는 확신이 섰다. 현재 국내 시장 수요는 대략 2,3조 원 수준이지만, 가정에서 상기의 이유로 김치를 고추장이나 된장처럼 담지 않을 경우 그 수요량은 급격히 증가할 것이다. 약 10년 이내 대략 20조 원 시장을 형성할 것이라는 판단이 섰다. 다만 중국 김치의 수입과 영세 김치 공장의 난립 등으로 시장가격과 질서가 확립되지 않은 것이 문제였다. 김치시장에서 승자가 되기 위해서 나름 몇 가지 원칙을 고수했다.

첫째, 맛은 소비자의 취향에 맞도록 담가야 한다. 따라서 강원도 등 청정지역에서 재배한 순 한국산 배추와 무 그리고 천일염, 태양초, 마늘, 액젓 등을 주재료로 북부지방 사람들의 입맛에 맞게 전통방식으로 만든다. 새우젓갈을 넣어 시원한 맛이 나는 '중부식 김치'와 멸치액젓을 강하게 넣어 감칠맛 나는 '남부식 김치'로 구분하여 주문 제조한다.

둘째, 담그는 방식은 100퍼센트 수제품으로 전통방식을 채택한다. 주문 즉시 담가서 신선한 김치만 판매하여 소비자의 취향에 따라 익혀 먹도록 한다.

셋째, 판매는 인터넷 주문과 온라인 김치 상품권, 그리고 무점포대리점을 통한 폐쇄회로 판매방식으로 김치의 희소성을 높인다.

넷째, 김치의 개념을 반찬이 아닌 통화(通貨)라는 새로운 시각으로 접근한다. 이를 통해 , 파생상품을 창출하여 김치를 확대 재생산한다.

그 결과 핵심은 김치 상품권이라는 결론이 내려졌다. 감히 말하건데 이는 하나님과의 영감을 통해 만든 걸작품 중의 걸작품이다. 나는 김치 상품권을 통해 5년이라는 유효기간에도 불구하고 방부제를 넣지 않아도 쉬지 않는 김치를 만들 수 있었다. 계절이나 취향에 따라 최종 소비자의 마음대로 김치를 주문할 수 있는 유동성을 극대화시킨 '제 4세대 김치'를 기획한 것이다.

그런데 하나님은 나보다 더 치밀한 사업전략을 구상하고 계셨다. 그 무렵 우연히 참석한 초등학교 동창회에서 만난 친구를 통해 '김치 상품권'과 '춘천옥할매김치'의 CIP를 제작할 수 있었던 것이다. 나는 디자인 비용을 김치 상품권으로 대신했다. 상품권의 인쇄비는 물론, 인터넷 쇼핑몰을 만들어준 고교 선배에게도 마찬가지였다. 현금으로 결재할 형편도 아니었지만, 김치 상품권의 통화 가치를 알려주기 위해 나부터 적극적으로 활용하기로 한 것이다. 나는 주변의 각종 경조사에도 김치 상품권으로 조의금을 대신했다. 언젠가 대학 선배가 모친상을 당해 조문을 갔는데, 부주를 접수하는 사람이 김치 상품권을 넣지도 못하고 받지도 못하며 당황하는 모습을 봤다. 나는 그에게 '그냥 받으이소!'라는 인사를 건네고 걸어나왔다. 처음에는 모두들 의아해했지만, 차츰 '저 친구는 김치 상품권으로 모든 경조사를 해결한다'라고 인식하니 오히려 마음이 편했다.

21세기에는 사업도 게릴라 전법을 펼쳐야 한다. 비즈니스도 전쟁과 마찬가지로 소규모 점조직으로 운영해야 효율성을 극대화할 수 있는 것이

다. 이는 경쟁자의 진입을 사전에 예방할 수 있어 영세업자라도 오래 버틸
힘이 생긴다. '강한 놈보다 질긴 놈이 이긴다'라는 말도 있지 않은가. 나는
힘이 생기면 달리고 해가 지면 드러눕는 모택동 식의 '10만 대장정' 전법
으로 사업을 구상했다. 때로는 목자 잃은 양처럼 또 때로는 사울에게 쫓기
는 다윗처럼 말이다.

드디어 준비는 끝났다. 이제 20조 원의 가치가 잠들어 있는 김치 시장
공략에 나설 시간이다!


'영성경영 10계명'

1. 벼랑에 끝에 섰을 때 인생의 목적(비전과 미션)을 재정립하여 선포
   하라!

2. 작게 시작하라: 자금 회전력이 높은 아이템 및 초기 투자금을 최소
   화 하라!

3. 인터넷과 가족 동의는 필수-생존을 위해서는 누구와도 협력하고
   제휴하라!

4. 항상 유연하게 생각하고 행동하며 '조급증'을 털고 평상심을 잃지
   마라!

5. 위기를 두려워 말고 자신감을 가지며 자신만의 독창적인 길을 걸어
   라!

6. 천문을 읽듯 세상의 트렌드를 정확히 읽고 고객의 이드(잠재적 수
   요가치)를 읽어내라!

7. 직관력을 키우고 기도와 묵상을 통해 영성(지혜+창의성+영적민
   감성)을 개발하라!

8. 인간의 본성을 이해하고 배려와 자선을 통해 좋은 기업이미지를
   배포하라!

9. 매일 한손에는 신문을, 다른 한 손에는 성경을 들고 자신과 세상을
   비춰봐라 !

10. 예측불허의 쓰나미 같은 세상을 용서하고 용납하며 때를 기다려
    라!


## 하나님이 마련해 주신 대학 입학금


막 시작한 김치 사업으로 정신이 없던 어느 날, 큰딸 수지의 학원 문
제가 불거졌다. 당시 수지는 미대 입시를 앞두고 있었는데, 나는 학원비는
커녕 고등학교 등록금도 마련해주기 힘든 상황이었다. 그런데 대학 본고
사를 2달여 앞둔 어느 날, 수지 앞에 큰 시련이 닥치고 말았다. 학원비가
많이 밀려있었는데, 학원에서는 더는 사정을 봐줄 수 없으니 밀린 학원비
를 가져오든지, 학원을 그만 나오든지 하라며 양자택일을 강요한 모양이
었다. 그래, 학원도 먹고는 살아야지. 언제까지 눈치 보며 무임승차할 수
도 없는 노릇 아닌가. 다만 코앞에 입시를 앞두고 있는 시점이 마음 아플

뿐이었다.

그런데 수지는 학원선생님께 눈물로 호소하고 엄마에게 사정해도 학원을 다닐 수 없는 현실을 쉽게 받아들이지 못했다. 그토록 명랑하고 씩씩하던 아이의 어깨는 하루가 다르게 쳐져가고 있었다. 아이의 얼굴에서 미소가 사라진지도 오래였다. 부모로서 비참한 생각이 들었다. 하지만 나는 행신동으로 쫓겨 오기 전, 이미 마음으로 아내와 아이들을 베어낸 바 있었다. 더불어 매 순간 하나님이 부르시면 미련 없이 가기 위해 나 자신, 내 가족, 부모 형제를 '여의는(死) 연습'을 하고 있었다. 따라서 나는 평소 아내에게 남보다 못하다는 말을 들을 정도로 아이들을 강하고 냉정하게 길렀다. 아이들 역시 '네 인생 네가 알아서 살아야 한다' 라는 말을 귀가 닳도록 들은 터라, 어지간해서는 내 앞에서 어려움을 드러내지 않았다. 아빠에게는 별 도움을 받을 수 없다는 사실을 알고 있는 것이다.

하지만 아무리 냉정한 아비라 해도 자식 앞에서 나약해지는 것은 어쩔 수 없는 일이었다. 아무리 물질적 도움을 주지 못하는 무능력한 부모라 해도, 자기 자식이 꿈까지 잃기 바라는 사람이 어디 있겠는가. 나는 딸아이가 떨어지는 별똥별을 보며 아쉬워하기 보다는, 여전히 하늘에 반짝이는 수많은 별들을 볼 수 있기를 바라는 마음으로 기도를 했다.


그러던 어느 날 딸아이의 축 처진 어깨가 하도 안쓰러워 나름 위로의 말을 건넸다.

"수지야, 니 월트 디즈니 알제? 디즈니랜드 창업주 말이다. 그 사람도 매우 가난해서 창고에서 살았다 안하나. 근데 거기 쥐가 억수로 많더란다. 그런데 거기 쥐 한 마리랑 친해져가 이름도 붙여주고 음식도 꼭 나눠먹었다 하더라. 거기서 영감을 얻어 그린 게 바로 '미키마우스'라 이 말이데이."

그런데 훗날 나는 딸의 간증문을 통해 이 말을 듣고 수지가 다시 일어설 힘을 얻었다는 사실을 알았다. 수지는 미키마우스의 이야기를 듣고, '그림은 손으로 그리는 것이 아니라, 하나님이 주신 영감으로 그려야 된다'라고 생각했다는 것이다.

학원을 갈 수 없는 아이는 매일 아침 홍대 근처에 있는 친구의 원룸을 찾았다. 수지는 그곳에서 친구들이 학원에서 몰래 가져다준 종이와 연필로, 친구들이 그려 놓은 데생을 보며 혼자 그림을 그렸다. 그런데 눈물과 서러움으로 시작된 그 고통의 시간이 하나님의 은혜로 기쁨이 차고 넘치는 환희의 시간으로 바뀌었다. 마땅히 지도해 줄 선생님이 없어, 친구들과 자신의 그림을 하나하나 비교하다보니 자신이 부족한 부분이 한눈에 보이더라는 것이다. 하나님은 남들만큼 여유 부릴 시간이 없는 아이를 위해 수지에게 딱 맞는 개인교습을 준비해 놓고 계셨던 것이다. 그렇게 하나님의 개인교습을 받은 수지는 무사히 대학에 합격할 수 있었다.

하지만 기쁨도 잠시, 대학 입학금이라는 또 다른 산이 수지 앞에 기다리고 있었다. 당장 월세도 못 내는 형편에 2,3백만 원이나 되는 큰돈이 있을 리 없었다.

"하나님이 원하시면 허락해주실끼다. 하지만 주님이 허락하지 않으시면 어쩔 수 없는 일 아이가. 인생에 대학이 전부가 아닌기라. 앞으로 니 앞에 얼마나 많은 시련과 시험이 기다리고 있는 줄 아나? 이제 첫 번째 시험을 치르는데 그리 약해서 어따 쓰것노. 없으면 못 가는기라. 하지만 학교를 못 간다고 해서 인생의 패배자가 되는 기는 아니데이."

아이에게 이렇게 말하는 내 마음은 찢어지고 있었다. 하지만 남의 속을 아는지 모르는지, 아내는 자신은 부모한테 받을 거 다 받아 놓고 딸에게는 무책임한 소리를 한다며 화를 냈다. 그러고는 결국 나의 만류에도 불구하고 친정에서 등록금을 융통해보겠다며 부산행을 결정했다. 그런데 아내가 집을 나선지 몇 시간 후, 장인어른의 전화가 걸려왔다.

"수지 에미 어딨노?"

"지금 처가댁에 가고 있을낀데예."

"이기, 미친놈 아이가! 왜 자꾸 마누라를 앞세워서 구걸하러 보내노? 니들 당장 갈라서라. 니 같은 놈 필요없데이."

아마도 그때 하나님이 훈련하신 소금 절임이 아닌 시퍼런 배추 상태였다면 나는 당장 부산으로 내려가 장인어른과 한바탕 난리가 났을 것이다. '위자료도 필요 없으니, 아무 것도 바라지 말고 당장 끝내라'는 장인어른의 말씀은 남자의 자존심, 가장의 자존심 그리고 남편의 자존심을 끝없이 추락시키고 있었던 것이다. 하지만 다행이도 그 당시 나는 하나님의 끊임없는 연단을 통해 몸속의 오기와 교만 그리고 불같은 성격이라는 독을 어느 정도 빼낸 상태였다.

"장인어른. 지가 실수 많이 한 거 압니더. 그란데예. 제가 지금 집안에서 뭔가를 연구하고 있습니더. 조금만 기다리시면 뭔가가 되는데….”

“다 필요 없다 안 하나!”

“…. 정 그러시다면 어른들 뜻에 따르도록 하겠습니다. 그런데예, 남북한 핵문제도 당사자들이 해결해야 되는 거 아닙니꺼? 6자회담 아무리 해봐야 해결 안 됩니다.”

순간 장인어른은 할 말을 잃었는지 아무 말씀도 없으셨다.

“집사람에게 아버님의 말씀을 그대로 전하고, 그 사람이 이혼을 수용하면 지도 바로 보내드리도록 하것습니다. 당사자를 통해서 연락을 드리도록 하지예….”

그날 저녁, 얼마나 울었는지 개구리처럼 퉁퉁 부은 눈을 한 아내가 집으로 돌아왔다. 친정에서 10분도 앉아있지 못하고 서울로 돌아온 모양이었다. 나는 아내를 앉혀놓고 차분하게 상황을 설명했다. 그리고 아내에게 너무나 많은 고통을 준 게 사실이기 때문에 아버지의 말씀을 그대로 받아들이겠다는 내 뜻을 밝혔다.

“우리 아부지 원망하지 마소. 1,2년이야 집에도 있을 수 있고, 홈리스도 될 수 있지만 5,6년이나 되는 시간을 이 상태로 있는 건, 내도 이해를 몬하겠어예.”

맞는 말이었다. 아내에게는 외교관 부인이 되겠다는 꿈이 있었다. 그런데 외교관은커녕 홈리스의 아내가 되어버렸으니 얼마나 황당하겠는가.

“당신 모르나? 외교관 보다 큰일을 하리라는 하나님의 계시를 당신 못 믿나? 당신은 남자가 배추를 만진다고 뭐라 카지만, 그것은 단순히 배추가 아닌 하나님의 말씀인기라. 누가 뭐래도 당신은 나를 믿어야 한데이. 당신이 나를 안 믿어 주믄 내가 무슨 힘을 얻겠노?"

아내의 눈동자가 흔들리기 시작했다.

"한 삽만 더 파면 뭔가 나오려는 거 안 보이나? 가고 싶으믄 가라. 당신을 사랑하니까 가도 된다. 하지만 조금 있으면 풀릴긴데 나중에 텔레비전에서 나 보고 후회하지 마라. 우쩔래?"

그러자 아내는 망설임 없이 대답했다.

"그럼 됐어요. 안 갈랍니더."

나는 아내에게 감사와 고마움을 표현하고 지금부터 물질적인 보상뿐 아니라, 하나님의 신성한 영적 충만함까지 모두 줄 수 있도록 최선을 다하겠다는 약속을 했다.

"근데 당신도 내한테 약속 하나 해야 한데이."

"…"

"당신은 나를 담고 있는 항아린기라. 그러니 당신 스스로 깨끗한 그릇이 되야한데이. 아무리 김치가 잘 담가져도 그릇이 좋지 못하면 그 김치가 어찌 제 맛을 내것노. 무슨 말인지 알제?"

그런데 아내의 각오를 다지기 위해 던진 이 말은 엉뚱하게도 내 마음에 평화를 가져왔다. 하나님이 내게 임재하셨고, 함께 동행하고 계시다는 강한 확신이 든 것이다.


며칠 후 두 딸아이와 함께 새벽기도를 마치고 교회 밖으로 나오는데,

지저분한 주차장이 눈에 띄었다. 나는 아이들에게 빗자루와 마대를 찾아 오도록 일렀다.

"하나님의 뜰이 이래 더러버 쓰것노. 청소 좀 하고 가제이."

그날 오후, 일이 있어 교회 사무실에 앉아 있는데 '장학위원회' 위원들이 모여들었다. 마침 '장학위원회'가 열리는 날이었던 모양이다. 하지만 나는 그것과 아무런 연관이 없는 사람인지라, 멀찌감치 떨어져 앉아 볼일을 봤다. 그런데 또 한 번의 기적이 일어났다.

"목사님, 이번에 장학금이 1명 남네요."

"그래요? 가만있어보자. 심 집사. 심 집사 딸도 이번에 대학 가지 않았어요?"

당시 나는 한 성도로서 목사님을 존경하고 있었지만, 특별히 개인적인 친분이 있는 사이는 아니었다. 그런데 선뜻 교회에서 첫째딸의 대학 입학금을 마련해 주신 것이다. 하나님은 그렇게 끊임없이 우리 가족을 보살피시며 필요할 때마다 반석에서 솟아나는 생수를 내려주고 계셨다.

그러므로 염려하여 이르기를 무엇을 먹을까 무엇을 마실까 무엇을 입을까 하지 말라 이는 다 이방인들이 구하는 것이라 너희 하늘 아버지께서 이 모든 것이 너희에게 있어야 할 줄을 아시느니라 그런즉 너희는 먼저 그의 나라와 그의 의를 구하라 그리하면 이 모든 것을 너희에게 더하시리라 그러므로 내일 일을 위하여 염려하지 말라 내일 일은 내일이 염려할 것이요 한 날의 괴로움은 그 날로 족하니라 (마태복음 6:31~34)

# 아! 아버지, 하늘로 가시던 날

아버지의 병환이 깊어졌다는 연락이 왔다. 드디어 때가 되신 것인가. 복잡한 심정에 일이 잡히지 않았다. 마지막이라 생각하니 새록새록 아버지와의 추억이 떠올랐다.

아버지의 본업은 건축업이었다. 건축업이라는 것이 경기에 민감한 업종이라 일의 기복이 심했다. 아버지는 일이 없을 때면 반 백수처럼 몇 개월을 집에서 보내시다가, 한 번 일을 맡으시면 또 몇 개월을 집에 들어오지 못하셨다. 특히 건설경기가 없는 겨울, 아버지는 전국각지로 사냥을 다니셨다. 아버지는 이렇게 잡은 사냥감들을 중국집에 보내 요리를 부탁한 후, 이웃들과 잔치를 벌이곤 했다. 덕분에 우리 식구는 노루 고기, 멧돼지 고기, 꿩 고기, 산토끼 고기 등 진귀한 것들로 만든 음식들을 많이 맛볼 수 있었다. '전국 엽총사격대회'에서 상패도 받아오실 정도였으니 사냥 실력이 그리 나쁘지는 않았던 모양이다. 그런데 얼마 지나지 않아 '전국 수렵 금지 명령'이 내려졌고, 나라에서 개인의 엽총 소지를 금하는 법령과 함께 아버지의 취미생활은 끝이 났다.

그러자 아버지는 농장을 시작하셨다. 진주 근방의 '문산'이라는 조그마한 읍면에 농사를 짓고 소에게 풀을 먹이면서 성장한 아버지는, 자기 땅이 없는 소작농의 슬픔을 한으로 간직하고 계셨다. 그런 토지에 대한 애착과 그리움으로 시작한 것이 바로 농장 운영이었다.

아버지의 농장은 울산과 양산 사이의 '언양'이라는 소도시에 위치해 있었는데 물 맑고 풍광이 좋은 '작천정' 바로 옆에 위치했다. 1만 평으로 시작한 농장을 2만 5천 평까지 늘린 아버지는 그곳에서 논농사를 짓고 약초를 키우셨다. 그런데 단순한 취미 생활이라고 보기에는 그 규모가 너무 컸다. 1만여 마리의 잉어와 함께 소와 돼지 그리고 각종 과실나무까지 기르고 계셨던 것이다. 호사가 극에 달한 듯하여 주변에서는 노가다에서 농군으로 전업했냐고 물을 정도였다.

나는 방학이나 주말이 되면 여지없이 아버지 손에 잡혀 농장에 끌려가곤 했다. 처음에는 휑한 농장이 심심해서 가기 싫어했지만, 어느새 나는 그곳의 매력에 푹 빠지고 말았다. 농장 옆의 작천정 개울가는 잔에 넘치는 물처럼 흐른 다음, 다시 잔을 채우듯 아래로 흘러가는 절경을 이뤘다. 그런데 나의 마음을 사로잡은 것은 작천정이 아닌 벚꽃 터널이었다. 농장 맞은편 '작천정' 입구에서 시작하여 끝이 안 보일 정도로 길게 늘어선 아치형 벚꽃 터널은 지금도 눈에 생생할 만큼 너무 아름다웠다. 나는 바람으로 만들어진 꽃길을 보며 이 땅의 것이 아닐지도 모른다는 엉뚱한 생각을 하곤 했다. 나는 아버지의 별난 취미 덕분에 농촌을 경험하고 푸성귀와 자연의 은혜와 축복을 흠뻑 받으며 자랄 수 있었다.

내게 천하를 주고도 바꿀 수 없는 경험과 좋은 추억을 남겨주신 아버지가 소천을 준비하고 계신 것이다. 사실 그해 추석에 부산으로 내려가 아버지를 뵈었을 때, 눈에 띄게 건강상태가 나빠져서 아버지의 생명이 그리 많이 남지 않았음을 직감하기는 했다. 당시 추석 예배를 마치고 TV를 보는데 '시묘살이'에 대한 이야기가 나왔다. 그런데 아버지가 갑자기 나를 향해 불쑥 불만을 터뜨리셨다.

"괜히, 저 놈아 땜에 제사도 몬 들이고."

순간 나는 이것이 마지막 고비임을 알았다. 하나님이 아버지에게 3년의 생을 허락하신 이유가 바로 제사와 추모기도(영적예배)의 차이를 분명히 깨닫게 하기 위함이라 생각하고 있었다. 마침 그 순간에 TV에서 시묘살이가 나온 것은, 아버지에게 그 분명한 차이를 알고 가라는 하나님의 마지막 배려임이 분명했다.

"아부지, 하나님은 산 사람이나 죽은 사람의 제사를 허락지 않으십니더. 와 그런지 아십니꺼? 우리의 영혼이 하나님의 나라로 들어가면 더 바랄 것 없는 축복을 누리고, 그 무엇과도 비교할 수 없는 영광과 은혜를 받게 된다 말입니더. 여기서 우리가 차리는 음식은 거들떠도 볼 이유가 없으니 걱정하지 마이오."

"그라도 조상님들이 섭섭해 하시믄 우짜노?"

"아부지, 할아부지, 증조할아버지도 소천하시는 순간에 하나님의 판단에 따라 천국과 지옥으로 가셨을 깁니더. 고린도전서에 보믄 '대저 이방인의 제사하는 것은 귀신에게 하는 것이요 하나님께 제사하는 것이 아니니 나는 너희가 귀신과 교제하는 자 되기를 원치 아니하노라'라는 말씀이 있습니더. 아부지, 추도예배로도 충분합니더이. 너무 걱정 마이소."

그렇게 추석 연휴를 끝내고 서울로 돌아오는 길, 나는 마음의 준비를 해야겠다고 생각하고 있었다.

그런데 가만히 생각해보니 그때는 아버지께서 생존률 5퍼센트라는 선고를 받고 주님을 영접하신 날로부터 정확히 3년이 지난 시점이었다. 역시 약속의 하나님이셨다.

하나님을 영접하기 전, 아버지는 내게 낡은 레코더처럼 반복적으로 하시는 말씀이 있었다. 첫째, 교회 헌금은 목사들이 가져가는 것이며 둘째, 교회에서 무슨 도움을 받겠냐는 것이었다. 그런데 아버지는 예수님의 공생애처럼 정확히 3년을 사시는 동안, 엄청난 은혜를 입으셨다. 능력 없는 아들들을 대신하여 부산 '호산나 교회' 성도들의 끝없는 물질적, 정신적 도움을 받으셨던 것이다. 철이 바뀌고 때가 바뀔 때마다 하나님께서는 성도들을 보내 쌀, 반찬, 옷, 이불 등을 챙기게 하시고, 외로움을 달래주셨다. 이에 아버지는 틈만나면 '이 빚을 우애 다 갚노. 죽기 전에 갚아야 할낀데'라며 고마워하셨다. 그 중에서도 아버지가 특히 감사해한 사람들은 당신을 전도한 김익태 집사와 그의 어머니 이재모 여사였다. 이재모 여사는 생명부지인 우리 아버지에게 매달 20만 원의 생활비를 보내주셨던 것이다.

"아부지. 지금 아부지를 도와주신 것은 사람들이 아니라 하나님의 긍휼하심입니더. 그러니 하나님께 그 영광을 돌려드려야 합니더."

그래, 이 정도 은혜를 받고 하나님을 아셨으니 이제 가셔도 된다. 편하게 보내드리자…. 마지막으로 아버지를 뵙기 위해 부산으로 향하는 KTX 안에서 나는, 아버지 '육신 치유'의 기도가 아닌 '영혼의 안식'을 위한 기도에 집중하기 시작했다.

예로부터 아버지가 돌아가시면 하늘이 무너지는 슬픔을 맞는다고 했다. 하지만 우리 가족에게 하나님을 영접하고 가신 아버지의 소천은 기쁨이었다. 하나님을 믿지 않는 동생마저도 '저리 편한 얼굴로 가셨으니 됐다'라는 말을 할 정도였으니, 아버지의 소천은 하나님의 또 다른 은혜이자 성령의 역사하심이었다.

특히 내게 남긴 아버지의 영적 파장은 그 깊이와 강도가 남달랐다. 불효자의 마지막 소원을 들어주기 위해 80세를 훌쩍 넘기신 연세에도 불구하고, 하나님을 영접하신 그 크고 깊은 사랑을 어찌 잊을 수 있겠는가. 나는 그렇게 '아버지의 지독한 사랑'을 뼛속 깊이 새겨 두었다.

"사람이 밥(물질과 인간 됨됨이)으로만 사는 게 아니라, 하늘의 뜻(섬김과 나눔)으로 살아라."

멘토이신 아버지와 멘티인 아들은 하나님의 말씀을 이용한, 수평적 대화를 통해 '사람이 밥만 먹고 사는 게 아니다'라는 '부자 상생협력 가훈'을 만들 수 있었다. 나는 이 유언적 교훈 덕분에 죽음의 골짜기에서도 생존할 수 있었으며, 아버지가 병상에서 보여주신 정중동(靜中動)의 리더십은 지난 몇 년간 지리멸렬했던 우리 형제를 서로 용서하고 용납하게 만들 었다.

아버지가 돌아가신 후, 우리는 남은 유산이 없는 것에 오히려 감사했 다. 아버지는 물질적 유산을 대신하여 감히 돈으로는 환산할 수 없는 '눈 에 보이지 않는 영적유산(invisible spiritual inheritance)을 남겨 주셨기 때 문이다. 우리는 이것을 밑천으로 '가문의 부활'을 이룰 터전을 마련했다. 덕분에 우리는 아버지를 보내는 슬픔 가운데에서도 하나님이 친히 예비 하신 위로와 참 기쁨을 맛볼 수 있었다.

아버지의 소천(召天:하늘에서 부르심)일시와 그 후 모든 절차는 주님 의 뜻 안에서 한 치의 오차도 없이 이루어졌다. 하나님의 깊은 은혜로 생 각지 못한 많은 사람들이 찾아와 아버지는 여러 사람의 축복 속에 소천하 실 수 있었다. '예수인 교회'에서는 천리가 멀다않고 찾아와 심야 조문을 해주셨고, 하늘나라의 향기를 머금은 조화배설 등 성의가 여러 가지 모양 으로 답지되었다.

특히 아버지가 다니시던 '호산나 교회'의 배려와 도움은 감동적이었 다. 평소에도 많은 도움을 주셨지만, 마지막 가시는 길 교회 성가대까지 함께 했으니 아버지가 더욱 고마워하셨으리라 생각한다. 하지만 누가 뭐 래도 아버지 소천의 1등 공신은 김익태 집사였다. 8회 초, 다들 승산 없는 게임이라고 포기하는 가운데 김 집사가 대량득점(83세 영접)으로 전세를 역전시키자, 8회 말(87세 소천) 최홍준 목사님이 구원투수로 나서 발인예배를 집도하신 것이다. 덕분에 아버지는 무사히 승리의 나팔을 울리며 천국에 입성하실 수 있었다.

많은 사람들의 도움으로 무사히 장례를 끝낸 우리 가족은 며칠 후 모여 아버지를 위한 추모 기도회를 가졌다. 그런데 그 자리에서 우리는 놀라운 간증을 듣게 되었다. '추 씨 성'을 가진 친척 분이 아버지가 천국으로 입성하시는 꿈을 꾸었다는 것이다.

"나무의자에 앉으신 아버님이 소나무 비계(높은 곳에서 공사를 할 수 있도록 임시로 설치한 가설물, 공중에 뜬 계단이라는 의미도 있음)위에 옮겨졌는데, 예수님이 손수 영접하시어 함께 타셨습니다. 그 아래 우리 가족과 김익태 집사 등 몇 사람이 도르래를 당기니 비계가 50~60미터 정도 서서히 오르더니, 로켓처럼 쏜살같이 천상으로 날아가 사라지는 장면을 목도했습니다. 예수님께서는 주변 가시나무에 걸려있는 미이라 형상 3,4구를 손으로 툭툭 털더니, 흰 분말을 떨쳐내고 함께 싣고 가셨습니다. 너무나 생생해서 직접 종이에다 이렇게 그림까지 그려왔습니다."

그날 추모 예배를 찾은 모든 사람들은 물론 믿지 않은 형제들까지 마음에 큰 감동을 받았다고 하니 하나님의 역사하심이 놀라울 따름이다. 이처럼 2천 년 전, 앉은뱅이가 일어서고, 절름발이가 걷게 되며, 벙어리가 말을 하게 되는 예수님의 기적의 역사는 지금도 계속되고 있는 것이다.

그 후 나는 간증에 나서면 이 말을 꼭 전한다.

"여러분, 부모님 살아 계실 적에 효도해야 하는 거 아닙니더. 걸어 다니실 적에 효도해야 합니더. 그러니 소천하기 전 꼭 전도하시길 바랍니더. 부모 죽고 후회하며 곡해도 아무 소용없습니더. 어디 자식이 천국에서 불놀이 구경할 일 있습니꺼?

지금 저는 너무 기쁘고 좋습니더. 그리고 자랑스럽습니더. 지는 이 에너지를 가지고 계속 '씨'를 뿌릴 깁니더. 인생의 목적과 소망 그리고 천국의 비밀이 담긴 창세 이래로 창조주가 우리에게 맡겨둔 '그 씨앗'을 말입니더."

인간의 죽음은 누구도 거역할 수 없는 하늘의 명령이자, 죄인으로서 삶이 끝남을 알리는 천국의 나팔소리다. 나는 아버지와 장인어른을 차례로 여의며 '인생의 진정한 목적은 무엇인지, 또 남은 인생은 어떻게 살아야 하는지' 마지막으로 '무엇을 남기고 가야 하는지' 다시 한 번 깊이 생각하게 되었다.

어떤 철학자의 말처럼 '살아서 죽음을 경험한 사람은 아직 아무도 없다. 단지 죽음의 공포만을 경험할 수 있을 뿐'이다. 죽음은 우리가 근심하거나 두려워할 문제가 아니다. 그 때와 방법은 절대자이신 하나님께 달려 있다. 그러니 모든 것을 하나님께 믿고 맡겨야 한다.

다만, 매일 주님 안에서 '여의는(死) 연습'을 할 필요는 있다. 매순간 스스로를 여의고, 사랑하는 자식을 여의며, 세상도 여의다가 하나님이 부르는 순간 미련 없이 준비된 영으로 새 하늘과 새 땅으로 옮겨질 준비를 해야 하는 것이다. 세상 부귀 영광을 다 누린 솔로몬 왕조차 "모든 것이 헛되다(Everything is meaningless)"라는 말을 남기지 않았던가?


## 날아라! 김치 상품권


아버지를 떠난 보낸 나는 더욱 김치사업에 매진하고 있었다.

"하나님의 지혜를 빌려 만든 '온라인 김치 상품권'이라는 콘텐츠를 확대재생산하기 위해서, 과연 어떤 네트워크와 결합하는 것이 효과적인 것일까?"

나는 이것이 김치사업의 핵심이라는 확신을 떨쳐버릴 수 없었다. 그런데 이번에도 의외의 곳에서 길이 열렸다. 월간 '여성조선'의 기자에게 전화가 걸려 온 것이다. 김장철을 앞둔 11월호에 김치 특집을 다루는데, '춘천옥할매김치'를 전통 김치로 소개하겠다는 것이다. 나는 이미 부엌가구 사업을 통해 여성지의 힘을 경험한 바 있었다. 내가 먼저 기사를 제시해도 모자랄 판국에 굴러들어온 복을 거절할 이유가 없었다. 바로 인터뷰에 응했다.

"그런데 이 기자님, '춘천옥할매김치'를 독자들에게 선물하는 건 어떻습니꺼?"

"좋죠. 그럼 김치 상품권 20장만 협찬해 주세요."

"거기 독자가 얼마나 되는데요?"

"한 5만 명 되요. 왜요?"

"그라믄 그 5만 명 모두에게 드리면 안 되겠습니꺼?"

"네? 5만 명이요?"

이 기자의 목소리가 높아졌다. 그도 그럴 것이 2만 원 권 상품권 5만 장은 현금 10억 원을 협찬하겠다는 말과 같았던 것이다. 물론 나는 여기에 몇 가지 조건을 덧붙였다.

첫째, 상품권은 파일로 줄 테니 '여성조선' 측의 비용으로 인쇄할 것.

둘째, 11월호를 구입한 모든 독자에게 2만 원 상당의 김치 상품권을 준다는 멘트를 표지에 게재할 것.

셋째, 단 7만 원 이상 구입 시 사용할 수 있는 '할인 상품권'임을 상품권내에 표기할 것.

그 해 4인 가족 평균 김장비용이 11만 원을 웃돌았으니 그리 현실성 없는 제안은 아니라는 생각이 들었다. 며칠 뒤 편집장으로부터 오케이 사인이 떨어졌다.

얼마 후, 잡지가 발매되었고 나는 다시 한 번 여성잡지의 위력을 실감하게 되었다. 브랜드의 인지도도 눈에 띄게 올라갔고, 매출 역시 가파른 상승곡선을 그린 것이다.

네가 큰일을 행하겠고 반드시 승리를 얻으리라 (사무엘상 26:25)

이 일을 계기로 나는 김치 상품권이 백화점 상품권이나 구두 상품권처럼 기업의 고객관리 선물로 가능하다는 결론을 내렸다. 그렇다면 더 이상 망설일 이유가 없었다. LG카드를 찾았다. 그런데 김치 상품권을 본 마케팅 담당자가 난처한 기색을 보였다.

"뜻은 좋습니다만, 잘 못 오신 것 같습니다."

"와요?"

"저희 회장님이 마일리지(상품군)에 넣지 말라는 게 딱 2가지가 있습니다. 상하기 쉽고 사람의 입맛에 따라 천차만별의 평가가 나오는 음식과 바로 상품권입니다."

예상치 못한 답변에 잠시 당황스럽긴 했지만, 그렇다고 '안녕히 계이소' 하고 나올 수도 없지 않은가. 기나긴 설득 작업에 돌입했다.

"우리나라 사람들이 김치 없이 살 수 있습니꺼?"

"밥은 쌀만 씻어서 취사 버튼만 누르면 되지예? 하지만 김치는 담그는 거는 정말 까다롭습더. 아무나 못 합니더."

"요즘 사람들 다 아파트 살지예? 아파트에 독이 어딨습니꺼?"

"김치냉장고예? 물론 김치냉장고가 있지예, 그럼 그 김치냉장고는 누가 채웁니꺼? '장모님 김치가 너무 맛있다고' 류마티스 앓는 노인네 노동 착취하지 말고, 이제는 전문가가 담근 김치를 장모님에게 갖다 드려야 하는 시대란 말입니더!"

"시장에 나가보이소. 죄다 중국산이라예. 우리야 전문가니까 척 보면 알지만…. 어디 일반 사람들이 그걸 압니꺼? 우리는 강원도 깊은 곳에서 새물로 담그는데, 녹슨 수돗물로 담근 김치가 제 맛이 나겠냐고예."

무려 6개월에 걸친 설득 작업이었다. 그런데 그 순간에도 하나님은 새로운 역사를 준비하고 계셨다. 절대 안 된다던 LG카드는 물론, 현대오일 뱅크, 현대해상, 국민카드, 시사 종합지 코리아 라이프 그리고 엘지카드 경품 및 고객관리 프로그램과 제휴, 공동마케팅을 실시하여 좋은 반응을 얻은 것이다. 그리고 3년 여 만에 10억 원 매출이라는 대단한 성과를 올렸다.

하나님의 은혜가 아니고서야 단돈 3만 원이 어떻게 10억 원으로 불어날 수 있겠으며, 하나님의 은혜가 아니고서야 낡은 세일즈 가방 속의 김치 상품권이 이렇게 확대 재생산될 수 있었겠는가! 이는 '나를 믿고 김치를 담그라'는 하나님의 말씀에 순종한 결과였다. '도대체 먹을 사람도 없는 김치를 왜 담그라고 하시나'라고 밀려드는 나의 생각을 버리고 철저하게 하나님의 뜻을 따른 쾌거였다. 이윽고 그분이 쓰실 수 있는 그릇이 되었다는 사실을 깨닫자 온몸에 전율이 일었다.


길 잃은 어린 양처럼 세상을 헤매기를 7년. 부모도 형제도 나를 외면했고, 친구들도 등을 돌렸다. 철저하게 외면 받고 버림받은 비참한 삶…. 내 등에 비수를 꽂은 사람들, 내 심장을 뜨거운 분노의 피로 물들인 사람들에 대한 적개심 하나로 그 시간을 버텨왔다. 그러자 주변은 뿌연 안개에 가려져 햇볕 한 줄기 들어오지 않았고, 오랜 시간 동안 거센 먼지와 비바람만 몰아쳤다.

"모든 것을 포기하리라, 그래서 이 고통에서 벗어나리라, 하지만 결코 그 누구도 용서치 않으리라."

그렇게 다짐하며 죽음의 문턱에서 서성이고 있을 때, 상처 입은 다리에 빨간 약을 발라주는 어머니의 손길로 나를 어루만져 주던 이가 있었으니, 그분이 바로 하나님이셨다. 나는 하나님을 만남으로써, 그 지독한 절망과 좌절, 분노의 지옥에서 벗어날 수 있었다. 그리고 7년이라는 질곡의 시간동안 다져진 하나님에 대한 절대적인 믿음 하나로 다시 일어설 수 있었다.

무수한 사람에게 짓밟혀 너덜너덜한 배추 이파리를 그래도 어여쁘다, 아름답다, 사랑한다 어루만져 주신 주님의 손길을 통해 나는 비로소 곰삭은 김치로 재탄생할 수 있었던 것이다. 돈과 사업 역시 순리대로 하나님의 때와 목적에 따라 주어진다고 생각하니 평안과 풍요가 실시간 허락되었다. '여호와를 아는 것이 지혜의 근본'이며 삶의 이유라는 사실을 자각한 순간 모든 문제가 해결되었다.

산은 깊을수록 그늘이 많고, 골은 깊을수록 물이 맑은 법이다. 하나님은 내 인생을 깊은 산으로 만들어 많은 이들이 쉬어갈 수 있는 그늘을 만들어 주셨고, 골을 깊게 하여 더욱 풍성한 곡식을 채워주고 계신다.

독일의 명장 롬멜 장군은 '사령관이나 군대가 병사들에게 해줄 수 있는 가장 큰 복지는 훈련이다'라고 말한 바 있다. 자신의 군사가 전쟁터에서 패하지 않고 다치지 않고 사망하지 않도록 평소 강하게 단련시켜 주는 것, 이보다 더 큰 사랑이 어디 있겠는가. 나는 지금 총성이 빗발치는 전쟁터에서 살아남을 수 있도록 무수히 훈련해 주신 하나님 아버지께 그저 감사하고 또 감사할 뿐이다.

시장바닥에 널려 있어 결국 버려져야 할 시든 배추 잎 같은 저의 인생을 거두어주셔서 이렇게 많은 인생 앞에서 주께서 제게 행하셨던 일들을 증거하게 하여 주시니 감사드립니다. 오늘 이 시간 수년 전 저처럼 거듭된 실패로 인해 혹 죽음의 골짜기에 방황하는 심령이 있으면 소망을 얻게 하시며 제 이야기가 다시 걸음을 옮길 수 있는 디딤돌이 되게 하여 주시옵소서.

## 디지털 김치장수의 긍정의 힘, '인생 김치 담그마'

얼마 전까지 전 세계의 경영계를 지배했던 키워드를 말한다면, 단연 '6시그마' 였다. 6시그마는 기업에서 전략적으로 완벽에 가까운 제품이나 서비스를 개발하고 제공하려는 목적으로 정립된 품질경영 기법 또는 철학으로서, 기업 또는 조직 내의 다양한 문제를 구체적으로 정의하고 현재 수준을 계량화하고 평가한 다음 개선하고 이를 유지 관리하는 경영 기법이다.

하지만 개별적 욕구가 다양한 마이크로트렌드가 지배하는 세상이 되다 보니, 기업들도 대량생산체제에서 다품종소량생산체제로 변모해야 생존할 수 있게 되었다. 즉 판에 박힌 근면보다는 엉뚱한 창의성이 요구되며, 게릴라방식의 문제해결방식과 비대면(非對面)적 의사전달이 활성화되니, 기업뿐만 아니라 개인에게도 큰 영향을 미치게 된 것이다. 나는 이를 6시그마를 패러디하여 서바이벌을 위한 '인생 김치 담그마'로 이름 지었다.

### 인생 김치 담그마란?

나의 생존 전략인 '인생김치 담그마'를 통해 나는 죽음의 골짜기에서 회생할 수 있었을 뿐만 아니라 중장기적 인적자원을 형성할 수 있었다. 버터로 즉석에서 구워낸 스티븐 코비의 '성공하는 사람들의 7가지 습관'이나 짐 콜린스가 말하는 '고슴도치 생존법'보다 우리 한국인의 체질에는 잘 맞을 것이라는 자신감을 가지고 소개하고자 한다.

### 1. 인생 배추밭에서 스스로 뽑혀야 산다

김장 전 초겨울 슬슬 서리가 내리기 시작하면 배추가 곧 밭을 떠나야 할 시기임을 알려주는 것이다. 찬 서리는 더 이상 배추가 밭에 머물기를 허용치 않는다. 그럼에도 불구하고 그곳에 안주하다가는 시린 서릿발에 온몸이 타들어가는 고통을 맛볼 수밖에 없다. 그러니 인생김치로 거듭나기 위해서는 일단 밭에서 뽑히는 아픔을 감내해야 한다. 스스로 밭에서 뽑히는 것이 시린 서릿발에 온몸이 타들어가는 고통보다는 나을 것이다. 머뭇거리다가는 '시래기'도 못되고 '쓰레기통'으로 직행하게 된다. 그래서 나는 매일 이렇게 외친다.

스스로 뽑히자! 벼랑 끝에 나를 세우자!

궁즉통(窮卽通), 궁하면 통한다. 차라리 그곳에서 살길을 찾자!

용서, 용납하자!(정히 용서 못하면, 차라리 잊자-'NOT FORGIVE, BUT FORGET')

인생 풍랑 만나면 모두(아파트, 집, 차, 카드, 자만심) 버리고 몸을 가볍게 하자!

어차피 뽑힐 바에야 스스로 뽑히자는 말이다.


## 2. 인생김치 장인에게 모든 걸 맡겨라

우리네 삶과 하나님과의 관계는 마치 배추와 김치장인과의 관계와 같다. 배추를 가지고 장인이 배를 가르든, 소금을 치든, 전라도식 양념을 바르든, 서울식 양념을 바르든, 혹 땅에 파묻더라도 그냥 믿고 맡겨야 한다. 특히 소금에 절여질 때 제대로 절여야 한다. 자기 안에 있는 허영, 자만, 교만, 자존심 등 모든 것을 '토해'내어야 된다. 그렇지 않으면 절대 제대로 된 김치가 될 수 없다.

순종하고 또 순종하라. 인생에서 신뢰와 순종만큼 좋은 덕목은 없다. 이는 사람관계에서도 마찬가지다. 제대로 된 인생김치를 담그고 싶은가? 그렇다면 하나님께 모든 것을 믿고 맡겨라!

### 3. 김칫독 뚜껑을 자꾸 열어보지 마라

예수님 다음으로 가장 훌륭한 리더십을 발휘했다는 모세조차 살인죄를 범하고 광야로 도피하여 40여 년간 발효되며 '인생김치'를 담가야 했다. 발효는 과학이다. 발효를 담당하는 김치의 유산균들은 산소가 있으면 되레 죽어버리는 성질을 가지고 있다. 그래서 우리 어머니들이 김치를 독에 묻을 때면, 김칫돌로 공기를 빼낸 것이다.

제대로 된 김치를 먹고 싶다면 자꾸 김칫독 뚜껑을 열지 마라. 김치가 잘 익으면 '발효'되지만, 그렇지 못하면 '부패'하고 만다. 더 큰 뜻을 이루기 위해 느긋하고 차분하게 기다릴 줄 아는 기다림의 미학이 필요하다.

### 4. 김치는 파는 게 아니라 나누는 것이다

우리 할머니들은 김치를 팔지 않았다. 소박하게 이웃과 친지와 나누기를 즐겼다. 그 후한 인심덕에 우리 할머니들은 노후에도 외롭지 않았다. 그러니 '인생 김장'을 담글 때는 다소 귀찮더라도 배추김치만 담그지 말고 '인생 동치미'까지 함께 담그자. 연탄가스를 마신 사람에게는 잘 삭은 동치미 한 사발이 약이 되듯이, 넉넉하게 동치미를 담가두어 어려움에 처한 이웃과도 나누는 삶을 살도록 하자. 이것이 곧 복의 근원이 될 것이다.

## "김치 오사론 아십니까?"

김치 온라인판매로 실직 아픔 극복한 심동철씨

"김치는 다섯번 죽었다가 살아나야 비로소 제 맛을 냅니다. 배추가 밭에서 뽑혀지, 배가 갈린 뒤, 소금에 절여지고, 고추가 부수가 뿌려져, 다시 땅에 묻히는 것이죠. 마치 제 인생 같죠?"

거듭된 사업 실패로 실의에 빠졌다가 국내 최초로 온라인 김치상품권을 개발해 재기에 성공한 심동철(44)씨는 김치는 다섯번 죽는다는 '김치오사론'으로 말문을 열며 빙그레 웃었다.

심씨는 2년 전, 단돈 3만원과 386컴퓨터 한대으로 온라인상에 '춘천옥 할매김치 (kimchi45.com)를 만들어 지난해 2억5천만원의 매출을 올렸다. 전국의 '온라인 회원'이 30여개로 늘어나 올해 예상 매출액은 무려 10억원여 이른다.

그는 창업자금 300만원으로 시간여 구애받지 않고 집에 컴퓨터만 있으면 가능한 '온라인 체인점'을 통해 판매 자신처럼 실직의 아픔을 겪는 이들에게 희망을 줄 수 있다고 믿고 있다.

1985년 대학을 졸업한 뒤 힐튼호텔에 입사해 5년 동안 판매, 홍보, 구매 업무 등을 두루 … 그는 90년부터 인조대리석 목조 … 가구 판매업, 실림당 대리점, 김치 판매업 등의 사업에 뛰어들었다가 …

… 쳤다.

… 김치를 손가방 안에 넣고 다닐 수는 없을까 하는 생각 끝에 온라인 김치상품권을 개발했다. 온라인으로 주문을 받으면 전국 어디든 택배로 배달해 준다.

그여건 꿈이 무거지 겼다. 국제무대에서 김치가 당당히 일본의 '기무치'를 누르는 것이고, 어려운 여웃과 더불어 사는 삶을 만드는 것이다. 심씨는 "폐고살기 어려워 자살하는 이들을 보면 너무 안타깝다"면서 28일 고향시 봉일동 여수앞에서 여는 '홀몸노인 김치 담가주기' 경연비를 위해 바쁘게 발걸음을 옮겼다. 064-973-6002.

고성/김동훈 기자 cano@hani.co

# 디지털 김치장수의 인생발효론

얼마 전, 우연히 이름만 대면 알만한 한 고승을 만났다. 그런데 그분은 내가 교회 집사라는 이야기를 듣자, 대뜸 이렇게 물으셨다.

"집사가 뭐에요?"

나는 스님들의 우문현답인가 생각하면서도 나름 충실히 대답했다.

"목사님을 보좌하면서 교회 섬기고 하나님을 모시는 게 집사 아닙니꺼."

"집사는 목사 집 사주는 게, 집.사. 아니에요?"

순간 나는 움찔했다. 만일 내가 지난 7년간 소금 절임 당하지 않았다면 아마 신나처럼 불붙었겠지만, 나는 태연히 응대했다.

"스님, 아실런지 모르지만, 저는 집사이자 또 김치장수입니다. 김치장수가 김치를 보면 다른 건 다 몰라도 어떤 김치가 발효가 잘 됐는지는 압니더. 그란데 김치가 무조건 독에 오래 있다고 발효가 되는 게 아닙디다."

"스님, 스님이나 목사님이나 도둑이나 창녀나 다 같이 사람입니더. 사람은 누구나 같지 않습니꺼?

김치나 인생이나 재료에 따라 좋고 나쁨이 구별되는 게 아니라, 그 발효의 정도에 따라 구별되는 깁니더. 그렇다고 마냥 독안에 오래 있었다고 배추가 곰삭은 김치가 되지 않듯이 인생도 마찬가집니더."

"…… 어허, 발효? 좋은 화두로구먼…"

그 날 언쟁 아닌 언쟁은 피도 침도 튀기지 않고 그것으로 끝났다.


논어에 보면 이런 말이 있다.

"남을 다스리는 사람은 나를 버릴 줄 아는 사람이다. 나를 위해 남을 이용하는 사람이 남을 다스리는 자리에 앉으면 탈이 난다. 남을 이용해 뱃속만 채우는 사람은 남들이 그를 등 뒤에서 욕한다는 것을 모르는 까닭에 결국 불행한 일을 겪는다. 남으로부터 사랑이나 존경을 요구하지 마라. 남을 사랑하면 그만이고 남을 이해하고 도우면 그만이다. 도와주었으니 사례를 하라고 하는 것은 권세의 자리를 인용해 뒷돈을 받는 도둑에 불과할 뿐이다. 군자라면 배불리 먹기를 바라지 마라. 제가 배불리 먹는 것이 아니라 백성이 배불리 먹게 땀을 흘리는 사람이 남을 다스리면 세상은 맑고 정직해진다."

똑같은 배추김치라 해도 다 같은 김치가 아니다. 배추의 상태에 따라 똑같이 발효를 시켜도 쓴 놈이 있고, 단 놈이 있고, 감칠맛을 내는 놈이 있다. 그리고 아무리 좋은 배추라도 곰삭은 향기가 나도록 발효가 되어야 비로소 제대로 된 김치라고 평가를 받는다. 사람도 마찬가지다. 욕심과 교만, 자존심과 오기를 버리도록 절이고 또 절여야 한다. 그래야 제대로 된 인생을 살 수 있다.

나는 하나님의 쓰임을 받기 위해 7년이라는 시간동안 비참하리만큼 처절하게 소금에 절여졌다. 수많은 시련 속에서도 '하나님께서는 감당할 만한 시험만을 허락하시고, 그 시련을 당할 즈음에 피할 길도 함께 주신 다'라는 그 약속을 믿었기에 나는 생존할 수 있었고 승리할 수 있었다. 하지만 진정으로 하나님을 만나기 전까지 내 마음의 호수에는 쉬지 않고 태풍이 몰아쳤다. 나의 분노로 불러일으킨 거센 파도와 휘몰아치는 바람으로 나는 내 주변의 모든 것을 쓸어버리고 있었다. 그런데 기도의 응답을 받은 후, 내 마음에 찾아온 '형통함' 하나가 이 모든 상황을 180도 변화시켰다.

호수가 잠잠해지니 물고기들이 모여들기 시작하고, 물고기들을 따라 새들이 찾아왔다. 그러자 새들을 따라 사람들이 차고 넘치기 시작한 것이다. 7년 동안 철저하게 외면 받고 버림받았던 시간들이 있었나 싶을 정도로 나는 요즘 복된 하루하루를 보내고 있다. 이 모든 것이 하나님의 임재로 가능한 일이기에, 내 모든 것을 내려놓고, 나 자체를 하나님께 올리릴 것이다. 나는 한 손에는 김치를 들고 다른 한 손으로는 복음을 전하는 사도바울의 꿈을 이루겠다는 굳은 의지를 가지고 있다.

우리의 삶을 주관하고 내 생명의 근원이신 하나님은 우리에게 무엇이든 요구하실 권리가 있고 우리는 그것을 실현할 의무가 있다. 그런데 하나님의 요구사항 중 개인적으로 가장 받아들이기 어려웠던 것이 바로 '용서'였다. 하나님은 나의 감정, 피 끓는 분노, 심장이 찢기는 좌절은 개의치 않으시고 무조건적인 용서를 요구하셨다. 한창 분노에 차 있는 시기에는,

'과연 이것이 진정 하나님의 뜻인가?'라며 반문할 때가 한두 번이 아니었다. 도저히 받아들일 수 없고 부당하다고 생각되는데 그래도 주님은 무조건 용서하라 하셨다.

누구든지 네 오른편 뺨을 치거든 왼편도 돌려 대며 (마태복음 5:39)

물론 이런 관용하고 용서하고 베풀고 이해하는 삶의 의미를 모르는 바 아니다. 하지만 쥐도 궁지에 몰리면 고양이를 문다고, 인생의 극한 상황에서 주님의 요구를 받아들이기란 쉽지 않다. 나 역시 그랬다.

나는 지난 수 년의 인생 기근을 거치며 시도 때도 없이 '복수'를 꿈꿨다. 마치 영화 '벤허'의 한 장면처럼 불화살과 격돌이 있는 전장에서 노를 젓고 살아남아 되돌아가야 한다는 일념으로 견뎌냈다. '쇼생크 탈출'의 주인공이 숟가락 하나로 탈출을 일궈낸 것처럼, 나는 단 돈 '3만 원'과 누군가가 내버린 '386 컴퓨터'란 작업도구로 탈출을 시작하였다. 그 길고 지루한 탈출과정에서 복수하리라, 탈출하여 세상을 피로 갈아 마시리라 다짐하고 또 다짐했다. 하나 둘 내게 등을 돌리고 떠나는 사람들의 이름을 마음의 벽에 새겨놓는 것도 잊지 않았다.

나를 죽음의 벼랑으로 몰아넣었던 사람들을 내 눈으로 보고 싶었기 때문이다. 그러던 어느 날 갑자기 나의 의지와 관계없이 구원자이신 예수님을 만났고, 그분을 통해 하나님의 음성을 들었다. 그리고 주님의 뜻에 따라 배추를 매만지고 김치를 담으며 순응과 용납을 배우고 회생과 나눔을 결심했다. 그러자 비로소 진정한 마음의 평화가 찾아왔다.

복수는 우리 인간의 몫이 아니다. 오직 주님께 모든 것을 맡기고, 용서할 때 진정한 평안과 자유가 찾아온다. 나는 이를 '디지털 김치장수의 인생발효론'이라 부르고 싶다.


나는 여러 차례 크고 작은 풍랑을 일으킨 것으로 보아 만일 예수님을 만나지 않았다면 난세의 간웅이 되어 있을 게 분명하다. 그러나 '그분'을 만난 후 덕분에 나는 '삶의 가치가 무엇인지', '인생의 위기 때는 무엇으로 살아야 하는지', '마지막으로 무엇을 남기고 가야 할 것인가?'에 대해 고민하게 되었다.

또한 "어떻게 하면 한 생명을 더 살릴 수 있나"를 진지하게 생각하며, 방안을 강구하기 시작하였다.


이제부터 나는 일상의 아픔을 겪는 여러 인생들의 소중한 삶을 소망과 사랑으로 버무려 '김칫독'에 가득 담아 뒤뜰 담벼락 아래 고이 묻어 두었다가, 엄동설한 긴 겨울 넘길 때 장독대의 잔설을 헤집고 한 포기 두 포기 꺼내 맛보려 한다. 그래서 그 맛있는 김치를 많은 사람과 나눠 먹으려 한다. 그것이 내가 앞으로 해야 할 일이다.

# 북한산 올라가서

북한산 올라가서 대성문에 걸터앉아

발아래 펼쳐진 눈 내린 산허리 굽어보며

사십 평생 지나온 성상(星霜)을 생각하니


음침한 사망의 골짝에서 행하신 주님의 도우심과

낮은 등성이에서 거둔 축복의 찬송과

가없이 굽이 흐르는 하천 같은 평안이

불꽃 같은 내 삶을 감아 돌아 넘쳐흘렀네


이제 고개 들어 머리허연 삼각산 위용을 바라보며

창조주 하나님의 기묘와 조화를 감사하며

발자국 이어 간이들과 나눈 눈꽃 같은 얘기들은

안개 젖은 겨울나무 가지에 고이고이 앉았다가


바람이 불거들랑 가까이 혹은 멀리 날리리라

행여 눈에 들어오니 따스한 눈물이 되고

세상을 덮으니 은빛 찬연한 천사들의 노래되어

소리 높여 마지막 날 주의 임재 알리리라

# 고통의 바다를 건넌 한 사람의 이야기

꽃 중의 꽃이라고 불리는 백합화는 그것이 버려져 길 가는 수많은 사람에 의해 짓밟힐 때 그 향기를 더해간다. 꽃의 향기와 마찬가지로 진정 사람의 됨됨이도 그 사람이 어려움을 어떻게 받아들이느냐에 따라 확연히 드러난다. 이 책은 한마디로 하나님의 은혜로 인한 한 인간의 '내적 변화과정'을 기술한 놀랄만한 실증적 기록이다.

그의 이야기를 읽다 보면 한 영혼을 천하보다 더 귀히 여기시는 하나님께서 그의 삶에 허락한 시련과 연단의 이유를 알 수 있다. 분명 그의 이야기 속에는 극적 감동과 교훈이 곁들여져 있다.

이 책은 '영적 질병'에 걸린 많은 이들에게 확실한 치유제가 될 것이다. 확신컨대 실패 후 분노와 좌절로 갈급한 영혼들은 이 책에서 큰 위로와 통찰력을 얻을 것이다.

현재 고통에 신음하는 사람들이 있다면 이 책을 꼭 읽어보길 권한다. 이 책을 통해 행여 환란 중에라도 참 지혜와 축복의 근원이신 하나님을 마음 깊숙이 만날 수 있을 것이다.

민 찬 기
예수인교회 담임목사

# 난세(難世)의 김치장수(將帥)

나는 심동철 사장을 결의에 찬 눈빛과 진한 경상도 사투리 때문인지 몰라도 정말 '난세(亂世)의 김치장수(將帥)'라는 닉네임이 딱 어울리는 사람이라는 생각이 든다.

하나님이 선택한 사람의 인생 항로에는 항상 고난과 시련이 기다리고 있게 마련이다. 반복되는 실패와 좌절은 영웅의 탄생을 예비하는 전주곡에 지나지 않는 법이다. 또한 죽음의 골짜기에서 살아 돌아온 그의 극적인 이야기는 나에게 큰 감동을 주었다. 결국 그는 IMF 환란 속에서 거듭된 죽음과 같은 고통을 맛보았지만, 모든 고난을 딛고 일어나 잘 익어가는 김치 같은 인생 드라마에서 보여준 그의 모습에서 미래형 리더의 가능성을 발견하였다.

오늘날 그가 '배추'가 아닌 '인생'으로 담근 '김치장수 이야기'는, 쓰라린 패배의 잔을 들이키고 있을 우리 한국인들에게 새로운 '희망'을 줄 것이다. 분명히 그의 이야기 속에는 '전쟁에 임하는 장수(將帥)의 정신(精神)과 신출귀몰한 전략(戰略)과 하늘의 때를 기다리는 지혜(智慧)'가 독 안에 발효된 김치처럼 도사리고 있다.

손 학 규

前 경기도지사

# 「인생 김치 이야기」 출판기념 이벤트!

이 책을 구매하신 모든 애독자에게 춘천옥할매김치
10,000원 〈온라인 할인권〉을 선물로 드립니다.

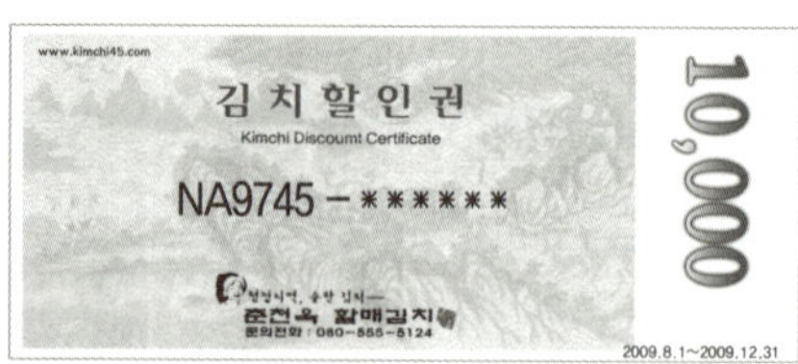


### 참조사항
1. 유효기간: 2009.8.1-2009.12.31
2. 본 할인권은 5만 원 이상 구입시 사용가능합니다
   (현금입금4만원+온라인할인권1만원)택배비는 포함되어 있습니다.
3. 본 할인권은 1인1회 사용가능하며, 다른 교환권과 같이 사용 불가합니다.
4. 본할인권은 춘천옥할매김치 온라인 싸이트(www.kimchi45.com)혹은 문자(017-229-6044)에서만
   사용가능합니다.
   (사용방법1): www.kimchi45.com에 방문➡좌측중간 붉은 박스 상품권으로 구매클릭➡절차에 따라
   주소 등 기입➡기타란에 할인권NO. 기입(NA9745+주민번호앞자리 6자리숫자 기입)➡잔금입금확
   인➡배송3-4일
   (사용방법2): 입금 후 문자로 전송-주소/전화번호/이름/김치종류/할인권NO.
5. 입금계좌:국민은행 349402-04-177739(심동철)

---

# 인생김치 이야기


초판 발행일  2009년 8월 10일

**지은이** 심동철
**발행인** 김용호
**발행처** 나침반출판사
**등 록** 1980년 3월 18일 / 제 2-32호   **주 소** 110-616 서울 광화문 사서함 1641호
**전 화** 대표 (02)2279-6321   영업부 (031)932-3205
**팩 스** 본사 (02)2275-6003   영업부 (031)932-3207
www.nabook.net
nabook@korea.com
nabook@nabook.net

ISBN  978-89-318-1400-2   03230
**책번호** 가-9029


· 값은 뒷표지에 있습니다.

· 잘못 만들어진 책은 구입처나 본사에서 바꿔드립니다.